Ursula Isbel • Windsbraut

OMNIBUS

DIE AUTORIN

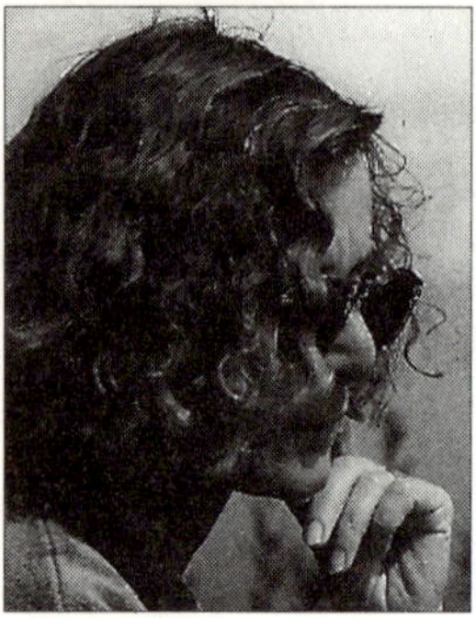
Foto: A. Flammang

Ursula Isbel, 1942 in München geboren, lebt als freie Autorin und Übersetzerin in Staufen bei Freiburg. Schwerpunkt und wichtigstes Anliegen ihrer Arbeit ist der Tierschutz. Sie selbst sagt über ihre Bücher: »Ich hoffe, dass … meine Bücher Freunde für meine Leserinnen und Leser sind. Dass sie ihnen auf dem Weg zum Erwachsenwerden ein Stück Geborgenheit, Hilfestellung und Orientierung geben, ihnen aber auch Liebe und Verantwortung für unsere Mitgeschöpfe ›vorleben‹ können.«

Ursula Isbel

Windsbraut

Pferdegeschichten

OMNIBUS

OMNIBUS

Der Taschenbuchverlag
für Kinder und Jugendliche
von Bertelsmann

Band 20590

Von Ursula Isbel ist bei
OMNIBUS erschienen:

Pferdeheimat im Hochland
3 Bände (20121, 20478, 20534)

Umwelthinweis:
Dieses Buch wurde auf chlorfrei gebleichtem
Papier gedruckt.

Originalausgabe Juni 1999
Gesetzt nach den Regeln der Rechtschreibreform

Umschlagfoto: S. Abell/NGS/Premium
Umschlagkonzeption: Klaus Renner
Lektorat: Elke Hesse
bm · Herstellung: Stefan Hansen
Satz: Uhl + Massopust, Aalen
Druck: Presse-Druck Augsburg
ISBN 3-570-20590-8
Printed in Germany

10 9 8 7 6 5 4 3 2

Inhalt

Die Grenze

»Ihr könnt selbst entscheiden, ob ihr mitkommen wollt«, sagte meine Mutter.

Ich sah Simon an. Wie immer, wenn ich nicht wusste, ob ich etwas wollte, ob ich Ja oder Nein sagen sollte, überließ ich ihm die Entscheidung.

»Und welchen Zombies seid ihr diesmal auf der Spur?«, fragte mein Bruder. »Dracula und Frankenstein hatten wir ja schon. Mein Bedarf an Monstern ist für die nächsten hundert Jahre gedeckt.«

»Meiner auch«, echote ich.

Unser Vater schenkte sich einen Whisky ein. Er liebte Whisky – etwas zu sehr für meinen Geschmack. Das Glucksen und Plätschern der goldfarbenen Flüssigkeit war vermutlich Musik in seinen Ohren, aber ich wurde zunehmend allergischer dagegen.

»Diesmal ist's nur ein Haufen stinknormaler Gespenster«, sagte er und lachte.

»Und wo in England?«, wollte Simon wissen.

»Irgendwo in Kent.« Mama legte die Füße auf den Couchtisch. Im milden Schein der Stehlampe sah sie aus wie ein junges Mädchen, schlank, lässig und von einer Anmut, die ich nicht geerbt hatte. »Wir können da ein Haus mieten, ein Cottage mit drei Schlafzimmern und genug Platz für uns alle.«

Wieder ging mein Blick zu Simon hinüber. Wenn er Ja sagte, würden wir mitfahren; wenn nicht, würden wir eben Freunde in Österreich besuchen, die für die Sommerferien eine Berghütte gemietet hatten.

»Wie lange wollt ihr bleiben?«

»Zwölf Tage vielleicht oder auch länger, je nachdem, wie schnell wir den Artikel schaffen. Es ist eine Auftragsarbeit, nicht schlecht bezahlt.« Das kam von meinem Vater. Seit wann kümmerte er sich um Geld? Das überließ er doch für gewöhnlich Mama.

»Also, kommt ihr mit?«, fragte meine Mutter.

Bis zur Abfahrt wusste ich noch immer nicht, ob ich wirklich mit auf diese Reise wollte. Doch ich hatte Simon für mich entscheiden lassen und er hatte Ja gesagt.

Eigentlich hatte ich genug von altem Gemäuer und Spukgeschichten, von düsteren Hallen und schaurigen Plätzen, an denen die Geister unglücklicher Grafen und Gräfinnen herumirrten.

Schon als Simon und ich noch klein waren, hatten unsere Eltern uns auf ihre Reisen mitgenommen – nach Schottland und Irland, nach Frankreich und in die Karpaten, zu den Überresten von Draculas Palast. Vor der Kapelle hatten wir gesessen und gewartet, während sie durch die Mauerreste des Palastes schlenderten, Vater mit der Kamera und Mama mit ihrem Notizblock.

Ich erinnere mich noch heute, wie erbärmlich ich geschrien hatte, als ein alter Mann auftauchte und uns in gebrochenem Deutsch erzählte, dass Dracula hier in seinen Folterkammern Männer, Frauen und Kinder blenden ließ, ihnen die Haut abzog oder sie bei lebendigem Leib begrub.

Wir waren dabei, als sie Castle Rising in Norfolk besichtigten, begleiteten sie zu Frankensteins Burg im Odenwald und fuhren mit nach Irland, ins Tullynally Castle, wo Simon die Masern bekam.

Und immer hatten uns alle beneidet, deren Eltern Bankbeamte und Hausfrauen, Apotheker und Zahnärzte waren. Jeder dachte, es müsste absolut göttlich sein, eine Mutter und einen Vater zu haben, die ihr Geld damit verdienten, an finstere Orte zu reisen und Fotoreportagen über kopflose Gespenster, Weiße Frauen oder Stimmen aus dem Jenseits für Zeitungen und Magazine zu machen.

Nur wenige wussten, dass mich die Vorstellung von Draculas Foltermethoden noch jahrelang in meinen Alpträumen verfolgt hatte, und dass ich mich als kleines Mädchen lange Zeit heulend geweigert hatte, nachts ohne Licht zu schlafen.

Wie unsere Eltern wirklich zu all den übersinnlichen Erscheinungen standen, die sie so ernsthaft »dokumentierten«, wie sie es nannten, hatten wir nie herausgefunden. Für sie war es wohl vor allem ein Job, der Freiheit und guten Verdienst bedeutete und die Möglichkeit, viel auf Reisen zu sein.

Während wir im Flugzeug nach Heathrow saßen, fragte ich mich wieder einmal, ob sie je einen Gedanken daran verschwendeten, ob es die Spukgestalten wirklich gab, von denen sie sich erzählen ließen und über die sie schrieben. Und hatte es ihnen je etwas ausgemacht, Räume zu fotografieren, in denen Menschen gelitten hatten und auf gewaltsame Weise umgekommen waren?

Eigentlich wirkten sie wie immer am Anfang einer solchen Reise: aufgekratzt und erwartungsvoll. Mein Vater trank einen kostenlosen Whisky nach dem anderen.

»Das Jagdfieber hat sie wieder gepackt«, murmelte Simon, der neben mir saß.

Ja, vielleicht war es das, was sie empfanden: die Spannung des Jägers, der auf Beutefang geht. Nur dass sie nicht nach Tieren jagten, sondern nach möglichst schaurigen Geschichten und sensationellen Fotos.

»Möglicherweise flattert mir ja diesmal ein Gespenst vor die Linse«, sagte mein Vater und lächelte dabei. Doch ich wusste, es war sein heimlicher Traum, den großen Coup zu landen, der ihn mit einem Schlag berühmt gemacht hätte.

»Wäre dir mit einem Geisterpferd auch geholfen?«, fragte Mama. »In Darkwood Hall sollen auch Pferde mit zum Spuk gehören.«

Ich dachte: Wenn sie jetzt eine Geschichte von Pferden erzählt, die dort umgehen, weil sie irgendwann gequält oder zu Tode gehetzt worden sind, stecke ich mir die Finger in die Ohren! Ich liebe Tiere, vor allem Pferde und Hunde.

Doch sie redeten nicht weiter darüber. Simon meinte: »Du könntest es doch mal mit einem Trick probieren.«

Vater schüttelte den Kopf. »Getürkte Fotos von Spukgestalten hat's immer wieder gegeben und regelmäßig ist die Sache irgendwie aufgeflogen. Ich werde den Teufel tun, mit so einem Schwachsinn meinen guten Ruf aufs Spiel zu setzen.«

»Dann könnten wir unseren Job gleich an den Nagel hängen«, stimmte Mama zu. »Keiner würde uns je wieder eine Story abkaufen.«

Gleich am Flughafen nahmen wir einen Leihwagen, einen Rover. Simon faltete die Landkarte auseinander und dirigierte Mama durch das Gewirr von Straßen und Kreuzungen. Mein Vater saß neben mir auf dem Rücksitz; er war nie ein besonders guter Fahrer gewesen, hasste den Linksverkehr und hätte uns mit all dem Whisky in seinem Blut auch bei jeder Polizeikontrolle in Schwierigkeiten gebracht.

»Wie kommen wir eigentlich ins Haus?«, fragte er.

»Ins Cottage, meinst du? Der Schlüssel liegt unter einem bestimmten Pflasterstein im Vorgarten.«

Dann schlief mein Vater ein und benutzte meine Schulter als Kopfkissen. Sein Atem roch nach Alkohol.

Ich wandte das Gesicht von ihm ab und sah aus dem Wagenfenster, in die üppige grüne englische Landschaft mit den sanft geschwungenen Wiesen, den Eichen, die von Efeu umrankt waren, den Bilderbuchhäusern und den verschwenderisch blühenden Gärten.

In einem winzigen, verschlafenen Dorf machten wir Pause. Es gab nur ein einziges Gasthaus, ein uraltes, windschiefes Gebäude mit geschwärzten Fachwerkbalken und einem Blechschild, auf dem eine Eule abgebildet war, die ein Auge zudrückte.

»Winking Owl« hieß der Gasthof, was nicht winkende, sondern blinzelnde Eule bedeutet, wie Vater erklärte. Es gab »cream tea« – heiße Scones mit Butter, Erdbeermarmelade und einer Art zähflüssiger Sahne und dazu jede Menge Tee.

Simon vertilgte fünf dick beladene Scones und ich drei; dann war uns etwas flau im Magen.

»Ich fühle mich wie der Wolf, dem sie den Bauch mit Wackersteinen gefüllt haben«, sagte Simon, als wir wieder im Auto saßen, und stöhnte.

»Kein Wunder bei diesen Unmengen, die du in dich hineingeschaufelt hast«, erwiderte Mama. »Sind wir nicht bald da? Es dauert nicht mehr lang, dann überfällt mich die Müdigkeit.«

Simon sah auf die Landkarte. »Etwa zehn Meilen noch, schätze ich. Lass mich doch mal fahren!«

»Du weißt genau, dass du noch keinen Führerschein hast.«

»Noch nicht, aber so gut wie. In ein paar Wochen hab ich den Lappen in der Tasche.«

»Kommt nicht in Frage! Wir können es uns nicht leisten, uns mit der englischen Polizei anzulegen«, knurrte mein Vater.

St. Mary in the Woods war kaum mehr als ein Dorf, eine Ansammlung alter Häuser um eine graue, gedrungene Kirche herum, eingebettet in Buckelwiesen, auf denen Kühe und Schafe weideten. Von Darkwood Hall, dem Herrenhaus, war nichts zu sehen, als wir über ein Flüsschen auf die Hauptstraße fuhren. Wir folgten der Beschreibung des Cottagebesitzers, die Mama auf einen Zettel gekritzelt hatte, und kamen schließlich zum Ortsende; da tauchten über einem Wall dunkler Bäume die viereckigen Türme eines grauen Gebäudes auf.

»Das muss Darkwood sein«, sagte mein Vater. »Es sieht viel versprechend aus, findest du nicht?«

Mama nickte. Ich hoffte insgeheim, dass unser Cottage möglichst weit von Darkwood Hall entfernt sein würde und dass wir von dort aus nichts davon sehen konnten – nicht einmal eine Zinne oder einen der drachenköpfigen Wasserspeier auf dem Dach.

»Wir müssen zur Parkmauer«, sagte Mama. »Dort ist das Cottage, das wir gemietet haben. Es war vermutlich mal eine Art Torwächterhaus. Es heißt ›Mousehole‹, ist das nicht ein putziger Name?«

Mousehole Cottage duckte sich praktisch im Schatten des Herrenhauses. Es klebte dicht neben einer Toreinfahrt an der alten Steinmauer. Es tröstete mich wenig, dass Darkwood Hall von dort aus tatsächlich nicht zu sehen war.

Ich musste zugeben, dass das Cottage eins der malerischsten Häuschen war, die ich je gesehen habe. Efeu, Geißblatt und Clematis kletterten von der Mauer herab oder an ihr hoch und überzogen des Schindeldach. Die Sprossenscheiben zwischen den Fachwerkbalken blitzten, das Mauerwerk war krumm und bauchig und um die Tür rankte sich ein Rosenstrauch, der über und über voll weißer Blüten war. Unter dem bröckelnden Torbogen, der in den Park führte, wuchsen Schmetterlingssträucher, und das Gras war hoch und blau von Glockenblumen.

Der Fehler war nur, dass das Häuschen ausgerechnet an der Parkmauer von Darkwood Hall stand. Obwohl die Steinquader den Blick aufs Herrenhaus verstellten, bildete ich mir doch ein, dass ich seine Gegenwart spürte. Ich suchte Simons Blick, aber er war schon dabei, die Gartenpforte zu öffnen, und wandte mir den Rücken zu.

»Ist es nicht absolut süß?«, schwärmte meine Mutter. »Ein Hexenhäuschen wie im Märchenbuch. Und ich glaube, dieses Tor wird nicht mehr benutzt. Die Einfahrt ist ja ganz zugewachsen. Es muss wohl noch einen anderen Zugang geben. Hier haben wir unsere Ruhe.«

Mousehole Cottage war nur spärlich möbliert und roch nach Moder, Staub und Mäusedreck. Wir schoben alle Fensterflügel hoch und schleppten unser Gepäck ins Haus. Es gab ein Wohnzimmer, eine Küche, ein winziges Bad und drei Schlafzimmer unter dem Dach, je eines für Simon und mich und eins für unsere Eltern.

Ich schlief wie ein Stein, trotz des Kinderbetts, bei dem ich meine Füße zwischen den Messingstäben durchschieben musste, wenn ich mich ausstrecken wollte. Doch irgendwann erwachte ich von einem seltsamen Geräusch, das lauter und lauter wurde, bis es richtig in meinen Ohren dröhnte.

Eine Weile lag ich da und lauschte, bis ich das Geräusch einordnen konnte und begriff, dass es Hufschlag war, das Getrappel vieler Pferdehufe. Es klang, als käme eine Schar Pferde in rasendem Galopp über einen gepflasterten Weg am Haus vorbeigestürmt.

Einen Augenblick lang war das Dröhnen und Klappern so heftig, dass ich das alte Haus unter mir erzittern fühlte. Dann wurde es leiser und schwächer, bis es nach und nach in der Ferne verklang.

Jetzt erst wurde mir klar, wo ich war. Der Raum war schwarz wie eine Höhle, aber ein Luftzug verriet mir, wo das Fenster sein musste. Ich tastete nach meiner Armbanduhr, stieß das Wasserglas auf dem Nachttisch um und sah auf die Leuchtziffern.

Es war zwei Uhr nachts. Wer mochte um diese Zeit am Cottage vorbeigeritten sein? Das Getrappel hatte nach vielen Pferden geklungen, einem Dutzend mindestens. Oder war es eine Herde von Pferden ohne Reiter, die in

Panik geraten und irgendwo aus ihrer Koppel ausgebrochen waren?

Ich stieg aus dem Bett und tappte ans Fenster. Draußen herrschte stockfinstere Nacht, man sah weder Mond noch Sterne. Ein leichter Wind raunte in den Bäumen. Sonst war alles still.

Beim Frühstück, das mit Instantkaffee, Knäckebrot und Dosenstreichwurst nicht besonders üppig ausfiel, stellte ich fest, dass keiner außer mir das nächtliche Hufgetrappel gehört hatte.

»Vielleicht hast du's nur geträumt«, sagte mein Vater.

Ich schüttelte den Kopf. »Könnte ja sein, dass irgendwo ein paar Pferde ausgebrochen sind«, meinte Simon. »Aber wieso sagst du, du hättest Hufgetrappel auf dem Pflaster gehört? In der Nähe des Hauses gibt's doch nirgends einen gepflasterten Weg. Die Straße ist nur mit Schotter aufgeschüttet.«

Ich kam mir dumm vor. »Hm, vielleicht klingt es ja auf Schotter ähnlich«, erwiderte ich lahm. »Schotter ist doch auch Stein.« Plötzlich erschien alles unwirklich und ich traute meinen eigenen Wahrnehmungen nicht mehr.

Unsere Eltern hatten für den Vormittag einen Termin mit Lady Lukas, der Besitzerin des Herrenhauses, vereinbart, um sich von ihr die genaue Geschichte des Spuks von Darkwood Hall sozusagen »aus erster Hand« erzählen zu lassen. So blieb es Simon und mir überlassen, ins Dorf zu gehen und Lebensmittelvorräte einzukaufen.

»Bringt auch Spülmittel mit. Und Klopapier!«, rief Mama uns nach. »Und Streichhölzer. Vielleicht kriegt ihr auch Klemmlampen. Bei den paar Funzeln in diesem Haus kann man sich ja die Augen verderben.«

»Klemmlampen!«, sagte Simon. »So was gibt's in diesem Nest doch nie und nimmer ...«

Ich war froh, als wir außer Sichtweite des Herrenhauses kamen. Nur Simon schaute sich mehrmals um und meinte, es müsste dringend renoviert werden.

»Vielleicht würde das die Gespenster vertreiben«, sagte ich.

»Vermutlich haben sie einfach keine Knete. Die meisten Adligen sind doch heutzutage total pleite.«

»Geschieht ihnen ganz recht. Schließlich haben sie jahrhundertelang die kleinen Leute ausgebeutet.«

Ich hielt nach einer Koppel mit Pferden Ausschau, doch es gab nur Weiden mit Rindern und Schafen. Schließlich kamen wir an einem Backsteinhaus im Zuckerbäckerstil vorbei, zu dem ein Grundstück gehörte, auf dem ein weißes Pferd einsam und friedlich graste.

»War's das vielleicht?«, fragte mein Bruder, der wie so oft meine Gedanken erriet.

Ich schüttelte den Kopf. »Es müssen mehrere gewesen sein. Mindestens ein Dutzend oder so.«

Der Laden war ein Supermarkt. Es gab keine Klemmlampen, also kauften wir stärkere Glühbirnen. Auf dem Heimweg waren wir so beladen mit voll gepackten Plastiktüten, dass uns fast die Arme abfielen.

Der Weg zum Mousehole Cottage zog sich verteufelt in die Länge. Irgendwann kam ein Mädchen auf dem Fahrrad an uns vorbei. Sie mochte ungefähr in meinem Alter sein und rief uns freundlich »Hallo!« zu. Dann sah sie sich zweimal um, blieb plötzlich stehen und wartete auf uns.

»Kann ich euch helfen?«, fragte sie. »Ihr könntet eure Tüten in meinen Fahrradkorb legen und an die Lenkstange hängen.«

Ihr Englisch war völlig akzentfrei und sogar für einen nicht besonders sprachbegabten Menschen wie mich zu verstehen. Wir nahmen ihr Angebot hocherfreut an und Simon begann in seinem besten Schulenglisch mit ihr zu palavern, während ich stumm nebenhertrottete und mich fragte, ob dieses Mädchen von Natur aus so hilfsbereit war oder ob ihre Freundlichkeit etwas mit Simons blauen Augen zu tun hatte. Simon sieht ausgesprochen gut aus. Schon seit er zwölf war, liefen ihm die Mädchen scharenweise hinterher.

Sie hieß Rebecca, hatte rotblondes Haar und milchweiße Haut und einen Sonnenbrand auf der Nase. Ihre Zähne standen etwas vor. Rebecca kam aus dem Zuckerbäckerhaus. Der Schimmel im Garten gehörte ihr und war ihr zweites Pferd. All das erfuhren wir, während wir vor ihrer Gartenpforte standen.

Sie lud Simon ein, sie doch einmal zu besuchen und auf ihrem Pferd zu reiten. Mich fragte sie nicht. Doch ich hatte mich ja auch nicht mit ihr unterhalten. Simon aber hatte ihr erzählt, dass er seit zwei Jahren regelmäßig Reitunterricht nahm.

Anfangs war ich mit ihm zusammen in die Reitschule gegangen, ebenso begeistert wie er. Doch das ist ein trauriges Kapitel in meinem Leben, an das ich nicht gern zurückdenke. Denn beim ersten Ausritt stürzte ich so unglücklich, dass ich mir die Schulter ausrenkte und den rechten Arm an drei Stellen brach. Seitdem hatte ich nie wieder den Mut, auf ein Pferd zu steigen.

»Gehst du hin?«, fragte ich, während wir das letzte Stück zwischen Steinmäuerchen und Brombeerhecken entlangwanderten.

»Vielleicht. Mal sehen. Warum hast du sie nicht nach den Pferden gefragt?«

»Keine Lust. Vielleicht tu ich's ein andermal. Wir werden sie bestimmt noch öfter sehen.«

Die Sonne kam immer wieder zwischen den Wolken hervor, doch die kantigen Türme von Darkwood Hall lagen im Schatten, versunken zwischen Rotbuchen, Eichen und Nadelbäumen. Es sah aus, als würde nie ein Sonnenstrahl bis zu den alten Mauern vordringen.

Unwillkürlich überlief mich ein Schauder, als könnte ich die düstere Kälte spüren, die das Haus umgab. Und doch war Sommer, Mitte August, die wärmste Zeit des Jahres.

Mousehole Cottage sonnte sich im Schutz der Parkmauer. Ein Rotkehlchen flötete in den Geißblattranken und im Garten blühten weiße Malven.

Als unsere Eltern zurückkamen, waren sie total aufgekratzt und platzten vor Mitteilungsdrang. Wir kannten diesen Zustand. Er endete spätestens dann, wenn Mama sich an ihre Reiseschreibmaschine setzte und die Schauergeschichten zu Papier bringen musste. Dann hing sie stöhnend herum und benahm sich wie ein Huhn, das Probleme beim Eierlegen hat.

»Diese Lady passt wie angegossen in dieses Gemäuer«, sagte mein Vater. »Lang und dünn und pferdegesichtig. Die wird eines Tages selbst dort herumspuken, darauf gehe ich jede Wette ein.«

»Ich habe selten jemanden erlebt, der so glaubwürdig von einem Spuk berichtet hat wie sie«, bemerkte Mama. »Gut, dass ich daran gedacht habe, das Tonband mitlaufen zu lassen. Ich werde wortwörtlich zitieren, was sie gesagt hat.«

»Vielleicht ist sie ganz einfach geschäftstüchtig.« Mein Vater griff nach der Whiskyflasche. »Ein Teil des Hauses ist ja für Besucher geöffnet und der Spuk lockt jede Menge Leute an. Ohne das Geld, das die Familie mit ihren Gespenstern verdient, hätte die Lady ihren Besitz wahrscheinlich längst verkaufen müssen.«

»Worum geht's denn überhaupt?«, fragte Simon. »Ein kopfloses Gespenst, das verzweifelt die Hände ringt? Gefangene, die mit Ketten rasseln und im Chor heulen?« Seine Stimme klang nur mäßig interessiert.

»Es scheint da verschiedene Phänomene zu geben«, erwiderte Vater mit großem Ernst.

An seinem Tonfall merkte ich, dass er eine längere Rede plante und uns in allen Einzelheiten schildern wollte, welche Geister Darkwood Hall heimsuchten und auf welche Weise sie es taten.

Vielleicht brennen die meisten Menschen ja nur so darauf, Gespenstergeschichten zu hören, noch dazu, wenn sie ganz in ihrer Nähe passieren und angeblich wahr sind. Ich aber wollte eigentlich nichts von all dem wissen und bemühte mich, meine Ohren auf Durchzug zu stellen.

Natürlich gelang es mir auch diesmal nicht. Im Gegenteil, ich lauschte wieder wie gebannt auf jedes Wort, das meine Eltern erzählten.

Sie liebten es beide, spannende und unheimliche Geschichten zu erzählen; das mussten sie wohl auch bei ihrem Beruf. Dass sie häufig gleichzeitig reden wollten, machte das Zuhören nicht gerade einfach. Es konnte passieren, dass sie immer lauter und lauter wurden, um sich gegenseitig zu übertönen, oder einer warf dem anderen vor, etwas auszulassen oder völlig falsch wiederzugeben.

»Diese Tussi …«, begann mein Vater; es war einer seiner Lieblingsausdrücke, er hatte ihn von Simon und mir.

»Die Herzogin«, verbesserte Mama. »Ihre Familie lebt schon seit mehreren Jahrhunderten auf Darkwood Hall …«

»Acht Generationen«, sagte Vater. »Und es muss eine

ziemlich hinterhältige, blutrünstige Sippe gewesen sein. Wenn man sich nur die Porträts in der Ahnengalerie ansieht, kann einem schon das Gruseln kommen, auch ohne dass man weiß, was sich in diesem Gemäuer so alles abspielt …«

»Du musst unbedingt einige davon fotografieren«, warf Mama ein. »Das hat sie dir doch erlaubt, oder?«

»Nicht ausdrücklich. Aber ich denke, ich kann sie schon überreden.«

Mein Vater sah noch ganz gut aus. Vermutlich ist er Simon einmal sehr ähnlich gewesen, als er jünger war und den Whisky noch nicht entdeckt hatte. Wenn man genauer hinsieht, erkennt man die Spuren des Alkohols schon in seinem Gesicht.

»Sie ist meinem Charme auf der Stelle erlegen, hast du das bemerkt?« Er lachte leicht und statt einer Antwort nutzte Mama die Gelegenheit, um mit ihrer Version der Spukgeschichten zu beginnen.

»In Darkwood Hall sind schon eine ganze Reihe von unheimlichen Erscheinungen beobachtet worden«, sagte sie. »Offenbar gibt es kaum einen Raum im Haus, in dem es nicht schon gespukt hat. Vor allem in zwei Zimmern passieren immer wieder unerklärliche Dinge.«

»Im Speisezimmer haben sich ja auch im vorigen Jahrhundert allerhand tragische Ereignisse zugetragen!«, rief mein Vater. »Die beiden Brüder zum Beispiel, die sich gegenseitig erschossen, weil sie die gleiche Frau liebten …«

»… Lady Lukas hat uns sogar den Blutfleck gezeigt,

der angeblich seitdem auf dem Dielenboden ist und sich nicht mehr entfernen lässt«, redete Mama dazwischen. »Außerdem gibt es da hinter der Vertäfelung eine verborgene Nische, von der aus ein Geheimgang in die Kellerräume führt. An dieser Stelle soll mehrmals ein Mann aufgetaucht sein, sogar mitten am Tag, der durchs Speisezimmer ging und durch die Wand in der Nische wieder verschwand.«

»Hat ihn schon mal einer fotografiert?«, fragte Simon.

»Nein«, sagte Vater. »Aber ich werde Lady Lukas fragen, ob ich mich in den nächstenTagen mal für ein paar Stunden in ihrem Speisezimmer aufhalten darf. Ich muss den Raum sowieso genau ausleuchten und von allen Blickwinkeln fotografieren ...«

»Und du denkst, dieser Typ taucht ausgerechnet dann auf, wenn du da herumtaperst?« Simon zwinkerte mir zu.

»Man kann nie wissen. Es ist immerhin eine Chance.«

Mama fuhr fort: »Viel interessanter ist meiner Meinung nach dieses Schlafzimmer, das Lady Lukas selbst als junges Mädchen bewohnt hat. Eines Nachts wachte sie durch das Zuschlagen einer Tür auf; sie war damals etwa so alt wie du, Bella. Die Vorhänge waren nicht zugezogen und im Mondlicht sah sie einen Mann zum Fenster stürmen. Er machte einen furchtbar wütenden Eindruck. Seine Schritte waren auf den Dielen deutlich zu hören. Sie erinnert sich auch an seine lauten, keuchenden Atemzüge.«

»Lady Lukas war natürlich wie gelähmt vor Schreck. Sie konnte sich nicht bewegen, schwört aber, dass sie bei vollem Bewusstsein war. Der Mann stand kurz am Fenster, kehrte dann um und ging in die Mitte des Zimmers zurück. Sie begriff, dass er sie nicht sah oder nicht sehen konnte. Sekunden später war er verschwunden«, erzählte Vater weiter.

»Aber was mich am meisten beeindruckt hat«, fügte Mama hinzu, »war ihre Bemerkung über den Boden und die Tür. Sie sagte, sie hätte deutlich erkannt, dass die Erscheinung über einen ›anderen‹ Boden ging. Sie hörte die Schritte des Mannes auf den Dielen eines Holzbodens, während der Raum, in dem sie schlief, mit Teppichen ausgelegt war. Und auch die Tür, die der Mann zugeschlagen hatte, gab es längst nicht mehr. Der Raum war im Lauf der Zeit mehrfach verändert worden; man hatte etwa ein Drittel davon durch eine Trennwand abgeteilt, um einen zusätzlichen Flur zu schaffen. Es war jetzt nur noch eine Glastür im Zimmer. Der Mann aber hatte eine schwere Eichentür zugeschlagen. In dieser Nacht, als die Gestalt erschien, war Lady Lukas der Raum auch bedeutend größer vorgekommen als für gewöhnlich.«

Vater unterbrach sie wieder. »Was ja bedeuten würde, dass Lady Lukas damals in eine frühere Zeit zurückversetzt war – in die Zeit nämlich, als dieser Mann lebte und der Raum noch anders aussah und anders eingerichtet war.«

Mir wurde immer unheimlicher. Ich wäre am liebsten

aufgestanden und aus dem Haus gegangen, hinaus in den Sonnenschein, um nichts mehr hören zu müssen. Fast gegen meinen Willen blieb ich sitzen und Simon, den nicht so leicht etwas erschrecken konnte, fragte: »Das ist aber doch sicher schon mehr als zwanzig Jahre her. Schläft denn heute noch einer in diesem Zimmer?«

Mama schüttelte den Kopf. »Nein, es wird nicht mehr benutzt. Lady Lukas sagt, es sei nicht bewohnbar. Bedienstete behaupten, sie hätten manchmal auch das Schluchzen eines Kindes aus diesem Raum gehört.«

»Ich habe gefragt, ob die Möglichkeit besteht, dass ich mal eine Nacht da verbringe, aber das wollte sie nicht«, fügte mein Vater hinzu.

»Vielleicht, weil es ja überhaupt nicht echt spukt«, meinte Simon. »Womöglich hat Ihre Gnaden Angst, man könnte nachweisen, dass die ganzen Schauergeschichten frei erfunden sind. Sie lebt schließlich davon.«

Mama zündete sich eine Zigarette an. »Nein, du, das glaube ich nicht. Erstens ist es sowieso fast unmöglich zu beweisen, dass es einen Spuk nicht gibt. Und zweitens ist an der Sache wirklich etwas dran, ich spür's in meinen Knochen. Übrigens soll Darkwood Hall auf den Resten eines keltischen Heiligtums erbaut worden sein. Die Kelten nannten ihre heiligen Plätze ›Grenze‹. Es waren gefährliche Orte, wo man unversehens von der Wirklichkeit in eine übernatürliche Welt stolpern konnte, wenn man nicht aufpasste.«

Vater machte ein nachdenkliches Gesicht. »Der Herrensitz scheint ja tatsächlich eine Art Spukzentrum zu sein – es gibt da eine Menge von verschiedenartigen Erscheinungen, die offenbar nichts miteinander zu tun haben, sondern auf ganz unterschiedliche Begebenheiten aus mehreren Jahrhunderten zurückgehen. Zum Beispiel dieser Geist in Reitkleidung, der ab und zu durch eine Wand in der Bibliothek tritt, hinter der sich eine längst zugemauerte Treppe befindet.«

Während er Luft holte, fügte Mama rasch hinzu: »Unten in der Cafeteria, die Lady Lukas für Besucher eingerichtet hat, ist auch schon mehrmals das wilde Getrappel von Pferdehufen gehört worden.«

»Pferdehufe?«, wiederholte ich. Meine Stimme klang dünn.

Meine Eltern sahen mich an. Ihre Blicke waren plötzlich höchst interessiert, so als hätten sie eine ganz neue, überraschende Seite an mir entdeckt.

»Ja, das ist in der Tat recht merkwürdig«, äußerte mein Vater. »Du hast ja auch nachts dieses Hufgetrappel gehört …«

Wenn ich jetzt gesagt hätte, dass ich mich unbehaglich fühlte, wäre das gewaltig untertrieben gewesen. Simon merkte es als Einziger.

»Seht sie nicht an wie eine Henne, die goldene Eier legt!«, sagte er. »Und überhaupt, für heute reicht's mit dem Horrorszenario. Komm, Bella, wir gehen ins Dorf, Eis essen.«

Unterwegs trafen wir Rebecca. Das heißt, wir trafen

sie nicht, sie tauchte vielmehr hinter dem Gartentor auf, als wir vorbeigingen, und wir luden sie zum Eis ein.

Sie kam mit, wie sie war, in ihrer Reithose und in eine Wolke von Stallgeruch gehüllt. Klar, dass wir schon nach zehn Minuten über Darkwood Hall redeten. Rebecca kannte natürlich alle Gerüchte, die in St. Mary in the Woods über den Spuk im Herrenhaus verbreitet wurden.

»Die Lady ist selbst nicht ganz richtig im Kopf«, sagte sie und tippte sich dabei an die Stirn. »Meschugge, durchgedreht. Ihr Mann ist ihr schon vor Jahren weggelaufen, weil er in diesem Bunker nicht mehr leben wollte. Eins ihrer Kinder ist als Baby plötzlich in einem dieser komischen Zimmer gestorben. Und ihr Sohn ist nach Kanada abgedüst. Aber sie ist einfach nicht bereit, Darkwood Hall aufzugeben.«

»Vielleicht kriegt sie's ja nicht los«, meinte Simon. »Und ich nehme an, sie lebt davon.«

»Klar würde sie die Hall loskriegen. Es waren schon allerhand Leute da, die ihr jede Menge Geld dafür geboten haben. Eine Filmfirma und irgend so ein stinkreicher Japaner …«

Ich feilte an einem Satz. Endlich brachte ich ihn heraus.

»Vielleicht gehören das Haus und der Spuk ja für sie zu ihrem Leben und ihrem Schicksal«, sagte ich.

Rebecca musterte mich überrascht. Vermutlich wunderte sie sich, dass ich überhaupt mehrere zusammenhängende Worte sprechen konnte, noch dazu in verständlichem Englisch. Dann schüttelte sie den Kopf.

»Wie kann man mit Gespenstern leben wollen?«, fragte sie.

»Die Menschen sind verschieden«, sagte Simon. »Glauben denn die Leute im Ort, dass an den Spukgeschichten etwas Wahres ist?«

»Sicher. Es gibt ja ein paar, die selbst schon einiges davon mitbekommen haben. Bedienstete aus der Hall, die im Dorf leben. Den Mann in Reituniform hat die Mutter unserer Putzfrau selbst gesehen, als sie noch jung war und da oben sauber gemacht hat.«

»Gibt es auf Darkwood Hall Pferde?«, fragte ich.

»Jetzt nicht mehr. Früher hatten sie wohl mal einen großen Reitstall. Die Überreste kann man noch sehen. Es gab bestimmt Platz für zwanzig Pferde. Der Urgroßvater von Lady Lukas war ein leidenschaftlicher Reiter. Vielleicht ist das ja auch der Typ, der ab und zu mal in der Bibliothek auftaucht.«

»Stimmt es, dass man in der Cafeteria gelegentlich Hufgetrappel hören kann?«, wollte Simon wissen.

»Ja, klar, eine Freundin hat es selbst gehört, als sie letzten Sommer mit ihren Eltern zu Besuch hier war und die Hall besichtigt hat. Sie sagt, es klang total gruselig, so, als würde ein ganzes Heer von Reitern über den Schlosshof galoppieren. Aber als sie aus dem Fenster sahen, war da kein einziges Pferd, nur die parkenden Autos.«

In der folgenden Nacht schlief ich kaum. Ich lag in dem zu kurzen Bett und wartete und lauschte. Das Licht ließ ich brennen.

Stunde um Stunde verging, doch nichts geschah. Ich hörte die Geräusche der Nachttiere – die Rufe der Käuzchen, das Gebell der Füchse, den entsetzten Schrei eines Vogels, der von einem Raubtier getötet wurde. Aber kein Hufschlag erklang, weder um Mitternacht noch später, als die Zeiger meiner Armbanduhr auf zwei standen. Und als gegen fünf Uhr morgens der erste Hahn krähte, wusste ich, dass die Nacht um war, und schlief endlich ein.

Beim Frühstück stand ich für kurze Zeit im Mittelpunkt der Aufmerksamkeit.

»Hast du etwas gehört?«, fragte mein Vater, sobald ich noch ziemlich schlaftrunken auf die kleine Terrasse trat, wo Simon und meine Eltern in der Morgensonne saßen.

Ich schüttelte den Kopf und gähnte.

»Versprich, dass du uns sofort weckst, falls sich in den kommenden Nächten irgendetwas Außergewöhnliches tut!«, schärfte Mama mir ein und fügte, an meinen Vater gewandt, hinzu: »Vielleicht entwickelt Bella ja einen Draht für übersinnliche Dinge, jetzt, wo sie in der Pubertät ist.«

»Besten Dank, darauf kann ich gern verzichten«, murmelte ich.

Der Tee schmeckte scheußlich. Meine Mutter kann überhaupt nicht kochen, nicht einmal Tee oder Kaffee.

»Wenn man zur Spökenkiekerei veranlagt ist, ist man es, ob man will oder nicht«, belehrte mich mein Vater und biss genüsslich in sein Toastbrot.

Nachmittags ging Simon zu Rebecca, um auf ihrer Stute Lilybeth zu reiten. »Komm doch mit!«, sagte er, aber ich hatte keine Lust und fühlte mich auch nicht eingeladen. Ich nahm meinen Fotoapparat und wanderte los, wobei ich mich möglichst weit von Darkwood Hall entfernte. Doch als ich auf einen kleinen Hügel stieg, um die weiten, geschwungenen Wiesen, die sanften Anhöhen und die Schafweiden zwischen den Hecken zu fotografieren, sah ich das Herrenhaus unter mir aufragen.

Die Bäume bildeten eine Art kreisförmigen Schutzwall um die grafitgrauen Steinmauern. Das Haupthaus war sehr hoch; mit seinen zwei klobigen Türmen wirkte es wie eine Wehrkirche oder ein Kloster. Die niedrigeren Seitengebäude zur Rechten und Linken waren wohl erst später angebaut worden.

Der Widerschein des Sonnenlichts ließ einige der Fenster geheimnisvoll aufblitzen. Efeu überrankte die Türme. Ich sah Raubvögel darüber kreisen und irgendwo zwischen dem Gewirr von Erkern und Dachvorsprüngen verschwinden; vielleicht waren es Turmfalken, die dort ihre Nester hatten.

Ich versuchte in die andere Richtung zu schauen und das Flüsschen zu fotografieren, das sich friedlich zwischen Wiesen und Baumgruppen schlängelte, doch es gelang mir nicht. Immer wieder kehrte mein Blick zu Darkwood Hall zurück und schließlich fing ich an, drei oder vier Fotos davon zu machen, fast ohne es zu wollen, so als hätte jemand meine Hand geführt.

Abends kamen unsere Eltern sehr zufrieden von Darkwood Hall zurück. Vater hatte mehrere Filme verknipst und Mama suchte nach einem hellen Fensterplatz, um ihre Reiseschreibmaschine aufzustellen und ihren Schreibkram auszubreiten.

Simon roch nach Pferd und beklagte sich darüber, dass Vater die Hälfte des Badezimmers zu einer Dunkelkammer umfunktioniert hatte, sodass er die Badewanne nicht benutzen konnte.

»Spätestens heute Nacht kriege ich einen teuflischen Muskelkater«, sagte er. »Ich bin mindestens vier Wochen nicht mehr geritten.«

»War's denn schön?«, fragte ich.

»Lilybeth ist ein gutes Reitpferd, aber ziemlich schreckhaft. Beinahe wäre sie über die High Street gebrettert, nur weil uns auf dem Weg zu Rebeccas Haus ein Huhn begegnet ist.«

Weil keiner von uns Lust hatte zu kochen, gingen wir in die Dorfkneipe und aßen Fisch und Pommes mit viel fetter Majonäse. Ein paar ältere Männer, die an einem Tisch beisammensaßen, musterten uns verstohlen. Meine Eltern überlegten, wie sie ihre Story vom Spuk von Darkwood Hall am besten aufziehen sollten.

»Ich bin für den keltischen Aufhänger«, sagte Mama.

»Das gibt dem Artikel einen ganz besonderen, ungewöhnlichen Touch.«

»Dass Darkwood Hall an einem Ort steht, der den Kelten heilig war, meinst du?« Vater nickte nachdenklich. »Ja, das ist keine üble Idee. Heutzutage, wo die Leute so auf Mystik und Esoterisches abfahren ...«

»Über die Pferde von Darkwood Hall gibt es eine alte Geschichte«, sagte Simon auf dem Heimweg, als wir den dunklen Pfad zwischen Brombeerhecken und Haselnusssträuchern entlanggingen. »Rebecca hat sie von ihrer Granny erfahren. Sie haben wohl gestern Abend noch darüber geredet, dass ihr hier seid, um diesen Artikel zu schreiben.«

»Davon hat Lady Lukas uns noch nichts erzählt. Was ist das für eine Geschichte?«, fragte Mama sofort.

Zwischen den Türmen von Darkwood Hall hing der Mond als bleiche Sichel. Es sah aus wie auf einem Gemälde, düster und verlassen, vor allem aber unwirklich.

»Zur Zeit des Bürgerkriegs, um 1650 herum, muss sich hier im Herrenhaus ein kleiner Trupp königstreuer Offiziere versteckt gehalten haben. Offenbar wurde ihr Aufenthaltsort verraten und eine Schar parlamentarischer Soldaten drang in Darkwood Hall ein. Die Royalisten flohen durch einen Geheimgang hinunter in den Stall, schwangen sich auf ihre Pferde und ritten davon, aber die Soldaten verfolgten sie. In einem Waldstück, nicht weit von der Hall entfernt, soll es dann ein wildes

Gemetzel gegeben haben, bei dem alle königstreuen Offiziere erschossen und erstochen wurden. Auch ihre Pferde kamen im Kugelhagel um«, berichtete Simon.

»Vielleicht ist das ja die Erklärung für Bellas Hufgetrappel.« Das kam von meinem Vater.

Ich stolperte über eine Wurzel, fiel hin und schlug mir das Knie auf. Simon zog mich hoch und hakte sich bei mir unter.

»Nur keine Panik«, sagte er. »Falls du wirklich etwas von dem Spuk mitgekriegt hast, dann bist du nicht die Einzige. Offenbar haben schon jede Menge Leute das Getrappel gehört und noch keinem ist was passiert.«

Das beruhigte mich. Erst als ich in meinem Zimmer war, bekam ich es wieder mit der Angst zu tun. Ich schloss das Fenster, ließ die Nachttischlampe brennen und bereitete mich auf eine weitere schlaflose Nacht vor.

Simon hatte gesagt, ich sollte an die Wand klopfen, wenn sich etwas tat; aber ich wusste, wenn er einmal schlief, war er nicht so leicht wieder wach zu kriegen.

Und dann war ich selbst so müde, dass ich eindöste. Im Traum irrte ich durch ein Labyrinth unterirdischer Räume und floh schließlich vor einem bedrohlichen Wesen, das kein Gesicht und keinen Namen hatte, in einen dunklen Wald. Erst nach einer Weile merkte ich, dass es ein Wald unter Wasser war. Die Bäume wuchsen auf dem Grund eines tiefen Sees und mitten im Wald war ein Kreis riesiger Steine aufgerichtet, durch die Licht in silbernen Bündeln flutete.

Als ich zum Frühstück kam, saßen nur Mama und Simon am Tisch. Mein Vater war schon unterwegs.

»Er hat sich vorgenommen, den Stein im Park von Darkwood Hall zu jeder Tageszeit zu fotografieren«, erklärte Mama.

»Welchen Stein?«, fragte ich.

»Ach, da gibt es einen riesigen, behauenen Felsbrocken, der noch aus keltischer Zeit stammen soll. Er ist mit rätselhaften Mustern versehen, eingeritzten Sonnenrädern oder Augensymbolen. Lady Lukas meint, er hätte einmal zu einem magischen Steinkreis gehört«, sagte Mama, ehe sie sich an ihre Schreibmaschine setzte.

Ich musste sofort an meinen Traum denken, erwähnte aber nichts davon. Simon machte sich wieder auf den Weg zu Rebecca und Lilybeth. Diesmal, sagte er, hätte sie uns ausdrücklich beide eingeladen.

»Sehr gnädig und huldvoll«, murmelte ich. »Aber ich sehe mich lieber ein bisschen in der Gegend um.«

»Willst du nach Darkwood Hall?«, fragte Simon.

Ich schüttelte den Kopf. Obwohl ich es nie zugegeben hätte, ärgerte es mich, dass mein Bruder seine Zeit nicht mit mir verbrachte, wie er es sonst bei gemeinsamen Ferienreisen immer getan hatte. Ich fand Rebecca weder besonders hübsch noch interessant. Aber vielleicht ging es Simon ja wirklich nur um Lilybeth und die Gelegenheit zum Reiten.

Ziemlich verbissen marschierte ich in Richtung Dorf und schlug dann eine Abzweigung nach rechts über einen Feldweg ein. Eine Brücke führte über das Flüsschen, wo ein halb verfallenes Mühlengebäude mit eingesunkenem Dach stand. Zwischen lose aufgeschichteten Steinmäuerchen, überschattet von mächtigen Eichen, kam ich schließlich zu einer Buckelwiese, auf der Schafe weideten.

Ein leichter, linder Wind säuselte in den Baumwipfeln. Als ich am Zaun der Schafweide vorüberkam, trat plötzlich ein steinalter Mann aus dem Gebüsch, begleitet von zwei zottigen Hunden, einem braunen und einem schwarzen.

Die Hunde gaben keinen Laut von sich, beobachteten mich nur aufmerksam mit ihren bernsteinfarbenen Augen. Der alte Mann nickte mir zu und ich sagte »Hallo«, worauf er stehen blieb und mich ebenso eindringlich musterte wie seine Hunde. Er trug einen grauen Umhang und hatte verfilzte graue Locken. Haare wuchsen in seinen Ohren. Ein durchdringender Schafsgeruch ging von ihm aus.

Ich dachte, dass Menschen, die in der Natur leben, anders aussehen als Städter. Nicht nur wegen des unterschiedlichen Outfits. Ihre Gesichter, ihre Bewegungen, ihre ganze Ausstrahlung, einfach alles ist anders. Und noch während mir das durch den Kopf ging, begann der Schäfer mit mir zu reden. Das heißt, es war eher ein Selbstgespräch, denn ich verstand ihn nicht. Er hatte fast keine Zähne mehr und sprach noch dazu einen Dialekt, den man auf keiner deutschen Schule lernt. Das einzige

Wort, das mir bekannt vorkam und das ich zu verstehen glaubte, war »beware«.

Zuletzt deutete er mit seiner braunen, schwieligen Hand in nördliche Richtung. Eine Warnung war in seinem Blick – oder bildete ich mir das nur ein?

Vermutlich machte er sich Sorgen um seine Schafe und wollte mir zu verstehen geben, dass ich keines der Gatter offen lassen durfte, die auf meinem Weg lagen. Damals reimte ich mir das so zusammen, aber heute glaube ich es nicht mehr. Heute bin ich sicher, dass er mich wirklich vor etwas warnen wollte. Und wenn ich ihn verstanden hätte, wäre ich wohl keinen Schritt weitergegangen.

Ich erinnere mich noch, dass ich wenig später an einen Zauntritt kam, über den ich klettern musste. Dabei schaute ich mich um und da stand er noch mit seinen Hunden und sah mir nach.

Die Schafe blökten, ich hörte den Wind in den Bäumen raunen und ein Raubvogel schrie, der über den Schafweiden kreiste. Doch als ich das Wäldchen erreichte, war unvermittelt alles reglos wie unter einer Glasglocke und seltsam dämmrig. Tau lag auf den Blättern und den silbernen Spinnwebfäden, die sich von Zweig zu Zweig spannten.

Das Wäldchen bestand aus einem dicht ineinander verwobenen Gespinst von Brombeerranken, Wildrosensträuchern und mit Waldreben verhangenen, riesigen Bäumen. Wie ein Tunnel führte der Pfad in dieses grüne, kühle Gewölbe aus Laub und Zweigen.

Obwohl ich gerade noch den Wind auf meiner Haut und in meinen Haaren gespürt hatte, war es hier vollkommen windstill. Kein Blatt bewegte sich, kein Vogel huschte im Geäst, keine Tiere raschelten im Laub, das den Waldboden bedeckte.

Unwillkürlich hielt ich den Atem an. Ich wollte umkehren, doch etwas zog mich weiter, ein Drang, der nichts mit Neugier oder Abenteuerlust zu tun hatte. Dann, in all der Stille und Reglosigkeit, an diesem Ort, der wie das Innere eines Zauberbergs war, nahm ich plötzlich einen Geruch wahr, den ich kannte: den scharfen, aber angenehmen Geruch nach Pferden.

Der Pfad führte jetzt steil bergab. Als ich um die nächste Wegkrümmung kam, sah ich in einer Senke, halb verborgen zwischen Eichen und Rotbuchen, eine Gruppe von Reitern mit ihren Pferden.

Die Pferde standen dicht gedrängt, streckten die Köpfe vor, kauten am Gebiss, tänzelten unruhig. Seltsam aber waren die Reiter. Sie trugen Uniformen und an Stelle von Reithelmen wunderlich geformte Hüte. Doch was vor allem meine Aufmerksamkeit erregte, war die Anspannung, die von ihnen ausging.

Stumm saßen sie auf ihren Pferden, sahen alle in eine Richtung, weg von mir, und schienen aufmerksam zu lauschen. Einer von ihnen hatte die Hand erhoben und deutete nach links. Mich nahmen sie offensichtlich nicht wahr.

Die Art, wie sie sich da im Dämmerlicht des Dickichts

zusammendrängten, sich zwischen den Bäumen verbargen, jagte mir eine ganze Serie von Schaudern über den Rücken. Ich spürte, dass sie Angst hatten – ja, eine schreckliche Furcht ging von ihnen aus, hing wie eine Wolke über ihnen und übertrug sich auch auf mich.

Ich trat einen Schritt zurück, in den Schutz eines überhängenden Strauches. Mein Mund war plötzlich trocken, meine Hände zitterten. Eines der Pferde schnaubte.

Wieder wollte ich umkehren und den Weg zurücklaufen, so schnell ich konnte, doch aus Angst, mich zu verraten, blieb ich und beobachtete, wie einer der Reiter etwas Merkwürdiges tat: Er schwang sich vom Pferd, trat zwischen den Baumstämmen hervor, kniete auf dem Pfad nieder und legte den Kopf seitlich auf den Boden.

Ich dachte: Das gibt es nicht, das ist nur ein verrückter Traum! Und doch stand ich da, roch die Pferde, spürte die Zweige und taufeuchten Blätter in meinem Nacken. Und dann, während der Mann noch dort kauerte, hörte ich jäh das ferne Trappeln von Pferdehufen und begriff, was er da machte.

In der nächsten Sekunde schon sprang er auf. Die Reiter – es waren ungefähr ein Dutzend – wechselten geflüsterte Worte. Ich hörte nicht, was sie sagten, sah nur, wie sich ihre Lippen bewegten.

Dann hielten sie plötzlich Waffen in den Händen – lange, blitzende Degen oder Bajonette und auch ein paar altmodische silberbeschlagene Handfeuerwaffen, die wie eine Mischung zwischen Gewehr und Pistole wirkten.

Das Hufgetrappel wurde lauter, schwoll bedrohlich an wie eine Woge, die übers Meer rollt und gegen Uferfelsen donnert. Ein Teil von mir wusste, dass das Geräusch Unheil und Tod bedeutete, so, als wäre ich einer der Reiter dort unten und teilte ihr Geheimnis. Und doch hatte ich keine Ahnung, worum es ging, konnte die Panik nicht erklären, die sich immer stärker in mir ausbreitete.

Eines der Pferde wieherte schrill. Mich durchzuckte der Gedanke, dass es uns verraten hatte. Denn jetzt wussten sie, wo wir waren, und nichts konnte sie mehr aufhalten.

Endlich löste sich der Bann, der mich lähmte. Ich wandte mich ab und rannte den Weg zurück, den ich gekommen war, ohne mich noch einmal umzuschauen, ohne mich darum zu kümmern, ob die Reiter mich sahen, stolpernd und keuchend und nur von dem Gedanken beherrscht zu fliehen, ehe sie das Wäldchen erreichten.

Das Blut rauschte in meinen Ohren und übertönte das Klappern der Hufe. Doch als ich das Ende des grünen Tunnels vor mir sah und den Waldrand fast erreicht hatte, erklang ein Schuss.

Ein zweiter folgte, eine ganze Serie von Schüssen, die irgendwo hinter mir, in der Tiefe des Dickichts, mit pfeifendem, peitschendem Ton die sommerliche Luft durchschnitten.

Blindlings raste ich weiter. Und kaum hatte ich die Grenze des Wäldchens überschritten, war plötzlich alles wie verwandelt. Stille und Frieden umfingen mich; ich hörte nichts als das Singen der Lerchen und das ferne Blöken der Schafe. Die Sonne schien und ein warmer Wind, der nach Gras und Sommerblumen duftete, strich über mein Gesicht.

Kein Schuss war mehr zu hören, kein Getrappel von Pferdehufen, kein Gewieher. Trotzdem wagte ich noch immer nicht, mich umzusehen, jetzt nicht und auch nicht während der ganzen Wegstrecke zurück zum Mousehole Cottage.

Der Einzige, dem ich erzählte, was ich erlebt hatte, war Simon. Am selben Abend saßen wir auf der Bettkante in seinem Zimmer und er sagte: »Das muss ich mir ansehen. Gleich morgen früh gehen wir gemeinsam hin!«

Da gibt es nichts mehr zu sehen, sie sind alle längst tot!, ging es mir durch den Sinn, doch ich sprach es nicht aus. Ich wollte nicht wieder zum Wäldchen zurück; zugleich aber lag mir viel daran, dass Simon mir glaubte; und ich hoffte, dass ich vielleicht alles begreifen würde, wenn er bei mir war.

Doch manche Rätsel lassen sich niemals lösen. Wir gingen am nächsten Morgen den gleichen Weg, über die Brücke, an dem verfallenen Mühlengebäude und der

Schafweide vorbei, kletterten über denselben Zauntritt. Das Wäldchen aber fanden wir nicht, so lange wir auch danach suchten.

Das Vermächtnis

Es war Pfingsten, als der Unfall passierte, Pfingstmontag; ein total verregneter Tag. Hätte es nicht geregnet, wäre vielleicht alles anders gekommen.

Anna war meine beste Freundin. Wir waren praktisch zusammen aufgewachsen: Annas Eltern waren unsere Nachbarn und mit meinen Eltern befreundet. Später zogen Anna und ihre Familie dann aufs Land, in einen kleinen Ort, der zum Glück im S-Bahn-Bereich lag, sodass wir uns weiterhin häufig sehen konnten, wenn auch nicht mehr täglich, denn Anna wechselte auch die Schule.

Der Anruf kam am Nachmittag. Ich hörte das Telefon nicht klingeln, denn ich hatte Kopfhörer auf und hörte Musik.

Es war Hannes, mein Bruder, der an den Apparat ging. Plötzlich erschien er auf der Türschwelle zu meinem Zimmer; und weil ich nicht gleich reagierte, zog er den Stecker aus der Steckdose.

Er war ziemlich blass. Ich setzte den Kopfhörer ab. »Frau Westerhagen hat angerufen«, sagte er.

Frau Westerhagen war Annas Tante. Sie lebte im Haus von Annas Eltern, seit ihr Mann gestorben war.

»Frau Westerhagen?«, sagte ich. »Was wollte sie denn?«

Hannes setzte sich auf die Matratze, die ich als Sofa und Bett benutzte. Ich dachte, dass er schlecht aussah, weil er abends zu oft ausging und zu wenig schlief.

»Es ist wegen Anna«, sagte er. Seine Stimme klang anders als sonst, irgendwie gepresst. »Und Mick.«

Mick ist Annas Bruder. Ich war einmal in ihn verliebt gewesen, aber ich glaube nicht, dass er jemals etwas davon mitbekommen hat.

»Aha«, sagte ich, noch immer ahnungslos. »Und?«

Hannes schluckte. Ich starrte auf seinen Adamsapfel, der sich auf und nieder bewegte.

»Sie haben einen Unfall gehabt«, sagte er. »Mit dem Motorrad.«

Mick hatte seit kurzem ein Motorrad. Ich kann nicht sagen, was ich in diesem Augenblick empfand. Ich weiß nur, dass mein Herz ganz verrückt flatterte, so wie ein Vogel, der Angst hat und gegen die Gitterstäbe seines Käfigs fliegt.

Ich sah Hannes an, versuchte in seinen Augen zu lesen, was er wusste, doch er schaute auf seine Hände nieder.

»Ist es … schlimm?«, fragte ich.

Er nickte.

»Sind sie im Krankenhaus?«

Wieder nickte er und schüttelte dann den Kopf. »Weiß ich nicht.«

Ich setzte mich auf die Fensterbank. Mein Herz klopfte jetzt dumpf und schwer. Ich wusste es, noch ehe mein Bruder es ausgesprochen hatte.

»Sie sind beide tot.«

Was folgte, war wie ein böser Traum; und ich wünschte nichts mehr, als aufzuwachen und festzustellen, dass alles wie früher war, dass Anna und Mick noch lebten, dass ich mich nur in die S-Bahn zu setzen brauchte, um sie zu sehen. Doch sie waren für immer fort und es gab keinen Ort mehr, an dem ich sie treffen konnte.

Ich hasse Beerdigungen. Alles ist so angelegt, dass man auch noch den letzten Rest seiner Fassung verliert. Und all die Leute, die nur auftauchen, um sich am Schmerz anderer aufzugeilen und genau zu beobachten, wie viel oder wenig der oder jener geweint hat, und um Mitgefühl zu heucheln, obwohl sie eigentlich nur Neugier und Sensationslust empfinden.

Ich weinte so, dass es mich schüttelte, und weigerte mich, Erde auf Annas und Micks Särge zu werfen. Ihre Eltern taten mir wahnsinnig Leid. Sie standen nur einfach fassungslos da und schienen nichts zu begreifen.

»Das ist der Schock«, sagte meine Mutter später. »Sie sind wie betäubt und das ist gut so. Sonst würden sie's wohl einfach nicht ertragen. Ein Kind zu verlieren ist schlimm genug, aber gleich beide …«

Ich hatte selbst das Gefühl, als hätte mir jemand mit einem Ruck den Boden unter den Füßen weggezogen. Eine Freundin wie Anna würde ich nie wieder finden, das wusste ich. Wir hatten so vieles gemeinsam erlebt; Anna war wie ein Stück meiner Kindheit, meines Lebens. Ich hatte etwas verloren, was nicht zu ersetzen war.

Ich weinte viel in dieser Zeit, denn jeder Tag war voller Erinnerungen an Anna. Nachts träumte ich von ihr, erwachte von meinem eigenen Schluchzen und konnte nicht wieder einschlafen. Auch an Mick dachte ich oft, seine hellen Augen, seine Pläne, nach dem Abitur für ein Jahr nach Indien zu gehen. Und ich fand, dass das Schicksal grausam und ungerecht war, und sinnlos; denn was konnte es für einen Sinn haben, mit sechzehn oder achtzehn Jahren zu sterben, nur weil es geregnet hatte und irgendwo in einer Kurve Wasser auf der Fahrbahn stand?

Zehn Tage nach Annas und Micks Beerdigung rief Frau Westerhagen wieder an. Diesmal ging ich ans Telefon und sie fragte, ob ich nach Bruck kommen könnte.

»Ich möchte etwas mit dir besprechen«, sagte sie.

Ich hatte Angst hinauszufahren, Angst, das Haus zu betreten, in dem es Anna und Mick nicht mehr gab. Ich mochte nicht an ihre verlassenen Zimmer denken, Annas Möbel, die wir größtenteils zusammen auf dem Flohmarkt ausgesucht hatten. Am schlimmsten aber war der Gedanke, ihre Eltern wieder zu sehen.

Doch ich sagte Ja, ich würde kommen, und wir vereinbarten einen Tag und eine Stunde.

»Ich fahr dich raus«, sagte Hannes, der sonst alles andere als ein rücksichtsvoller, liebender Bruder ist. »Mutter leiht uns bestimmt ihren Wagen.«

Es war gut, ihn dabeizuhaben. Allein aus der S-Bahn zu steigen und den Weg zum Ort hinaufzugehen, wäre scheußlich gewesen. Erst als wir an einem der letzten Bauernhöfe vorbeikamen, die sich noch zwischen den Bungalows und Reihenhäusern der Pendler aus der Stadt behauptet hatten, fiel mir Jule ein. Jule!, dachte ich. Was wird aus Jule?

Jule war Annas Pferd. Sie hatte lange um die Stute gekämpft. Erst seit einem halben Jahr gehörte Jule ihr. Anna hatte sie vor dem Schlachttransport nach Italien oder Frankreich bewahrt. Eine Frau mit großem, reiterischem Ehrgeiz hatte sie jahrelang geritten. Dann hatte sich herausgestellt, dass Jules Fesselgelenke verbraucht waren, da sie viel zu früh hart trainiert worden war, und ihre Besitzerin hatte nichts Eiligeres zu tun gehabt, als sie loszuwerden.

»Ich wünschte ihr bloß, dass die auch mal so abgeschoben wird, wenn sie alt oder krank ist und nicht mehr richtig gehen kann!«, hatte Anna zornig gesagt. »Pfui Teufel! Ein Pferd ist schließlich kein Sportgerät, das man wegwirft, wenn's nicht mehr richtig funktioniert!«

Wochenlang hatte sie ihre Eltern »bekniet und bearbeitet«, wie sie das nannte, bis sie Jule bekam. Den Ausschlag hatte die Zusage eines Bauern in Bruck gegeben, die Stute zu einem erschwinglichen Preis in seinem Stall unterzubringen. Zum Ausgleich hatte Anna seiner Tochter Nachhilfeunterricht in Englisch erteilt.

Das Haus war still und ausgestorben wie ein Mausoleum. Ich sah zu Annas Fenster auf. Die Läden waren heruntergelassen. Am liebsten wäre ich umgekehrt.

Frau Westerhagen öffnete uns die Tür. Sie trug eine schwarze Binde um den Arm. »Meine Schwester und mein Schwager sind zur Kur gefahren«, sagte sie. »Ich habe sie weggeschickt. Hier war es einfach unerträglich für sie.«

Zu dritt gingen wir in die nahe Gastwirtschaft. Ich war froh, dass ich nicht ins Haus musste. Wir bestellten Kaffee und Frau Westerhagen sagte: »Ich versuche meiner Schwester und meinem Schwager alles abzunehmen, soweit es möglich ist. Die beiden sind in einer schlimmen Verfassung. Ich weiß nicht, ob sie sich von diesem Schlag jemals wieder erholen werden.«

Sie sprach davon, dass sie Annas und Micks Sachen an eine wohltätige Organisation geben wollte. »Wenn du etwas zur Erinnerung haben willst«, fügte sie hinzu, »ein Kleidungsstück oder so, sag es mir, dann suchen wir es heraus.«

Ich schüttelte den Kopf. Mir genügten die Geschenke, die Anna mir im Laufe der Jahre zu Geburtstagen und zu Weihnachten gegeben hatte. Mehr brauchte ich nicht.

»Und dann ist da noch Jule«, sagte Frau Westerhagen.

Jule ... Ich dachte an Anna. Falls sie nicht sofort tot gewesen war, falls sie nach dem Unfall noch einmal zu

Bewusstsein gekommen war, konnte es sein, dass sie sich noch Sorgen gemacht hatte, was aus ihrem Pferd wurde. Sie war so gewesen.

Frau Westerhagen seufzte. »Vor einem oder zwei Monaten, als wir im Fernsehen einen Film über einen jungen Mann sahen, der an Aids starb, sagte Anna etwas, das mir in den letzten Tagen wieder eingefallen ist. Sie sagte: ›Falls mir etwas zustoßen sollte, möchte ich, dass Kirsten meine Jule bekommt.‹«

Sie sah mich an. Kirsten, das bin ich.

»Wir haben beschlossen, dass Jule dir gehört, wenn du sie haben willst.«

Ich erwiderte erst mal nichts. Besonders glücklich war ich über diese »Erbschaft« nicht. Ich hatte vor Jahren reiten gelernt und einige Zeit selbst von einem eigenen Pferd geträumt, doch inzwischen sah ich die Sache mehr von der praktischen Seite. Wo sollte ich mitten in der Stadt mit einem Pferd hin? Es in einem Reitstall unterzubringen wäre viel zu teuer gewesen. Meine Mutter verdiente nicht gerade üppig und mein Vater, der ein zweites Mal verheiratet ist, zahlte nur den gesetzlich vorgeschriebenen Unterhalt für uns.

Doch was sollte ich machen? Es ablehnen, Jule zu nehmen? Annas Pferd! Nein, das konnte ich nicht, ich wäre mir wie eine Verräterin vorgekommen. Anna zählte auf mich – hatte auf mich gezählt, darauf vertraut, dass ich für Jule sorgte und sie nicht einem ungewissen Schicksal überließ.

Hannes warf mir einen Blick zu. Ich wusste, was er bedeutete: Unmöglich! Du kannst nicht mit einem Pferd nach Hause kommen!

Frau Westerhagen sagte: »Wir haben mit Herrn Michelmann geredet. Er wäre bereit, Jule weiterhin in seinem Stall zu behalten. Und wir würden die Kosten für Unterbringung, Futter, Hufschmied und Tierarzt bezahlen, solange Jule lebt – oder solange du bereit bist, sie zu behalten.«

Das machte die Sache leichter. Es bedeutete allerdings auch, dass ich mindestens jeden zweiten Tag nach Bruck fahren musste. Ich dachte kurz an die Kosten für die S-Bahn-Fahrten; doch das würde irgendwie gehen, wenn ich einen Job annahm. Es gab nichts mehr zu überlegen. Ich würde es für Anna tun.

Jule stand mit Herrn Michelmanns Haflingerstute im Obstgarten und graste. Sie war fast schwarz, mit einer weißen Zeichnung auf der Stirn und weißen Fesseln. Natürlich kannte sie mich längst und kam, als ich ihren Namen rief. Vielleicht hoffte sie, Anna würde bei mir sein, denn bis jetzt war ich immer mit Anna zusammen hergekommen.

Ich streichelte ihren Hals, verscheuchte die Fliegen, die sich hartnäckig in den Winkeln ihrer dunklen Augen niederließen, und fragte mich, ob sie wohl auch um Anna trauerte, darauf wartete, dass sie wiederkam, sie versorgte, die vertrauten Wege mit ihr ritt.

Als ich daran dachte, wurde ich total traurig und es machte die Sache nicht besser, dass Herr Michelmann kam und sagte: »Sie wartet noch immer auf das Mädel. Jeden Morgen und Abend zu Fütterungszeit ist sie unruhig und lässt die Tür nicht aus den Augen; und sobald einer in den Stall kommt, wiehert sie, bis sie merkt, dass es nicht die Anna ist.«

Mir kamen wieder die Tränen. Ich drückte die Stirn an Jules Hals, der nach Pferdeschweiß und Heu roch. Herr Michelmann schüttelte den Kopf und sagte schwer: »Ja, das ist ein Unglück. So ein junges Blut ...«

Mein Bruder drängte zur Rückfahrt. Er hasst rührselige Szenen. Wahrscheinlich hat er einfach Angst, selbst die Fassung zu verlieren und loszuheulen, was ihm bestimmt nicht schaden würde.

Ich versprach, am Samstag wiederzukommen, um alle Einzelheiten mit Herrn Michelmann zu besprechen und mit Jule auszureiten.

Während der Heimfahrt erwartete ich, dass Hannes mich fragen würde, ob ich verrückt geworden sei, mir so eine Verantwortung aufzuhalsen, doch er sagte kein Wort über Jule. Auch meine Mutter war nicht so entsetzt, wie ich es mir vorgestellt hatte.

»Du musst selbst sehen, wie du klarkommst«, sagte sie nur. »Dass ich dir nicht mehr Taschengeld geben kann, weißt du ja.«

»Es geht nur um das Geld für die S-Bahn-Karte«, sagte ich. »Das krieg ich schon irgendwie zusammen. Frau Müller vom vierten Stock sucht jemanden, der für sie einkauft und die Treppe für sie putzt, seit sie an der Hüfte operiert worden ist. Ich gehe heute Abend mal zu ihr rauf.«

Ich kann nicht behaupten, dass die erste Zeit mit Jule das reine Paradies war. Wenn ich ehrlich sein soll, ging es eher in Richtung Stress. In der Schule schrieben wir eine Prüfung nach der anderen. Vier Stunden pro Woche arbeitete ich für Frau Müller, schleppte Einkaufstüten und Katzenstreu und Mineralwasserflaschen und schrubbte ihren Teil des Hausflurs. Von den restlichen drei Nachmittagen der Woche fuhr ich zwei Nachmittage nach Bruck, um Jule zu versorgen; außerdem verbrachte ich auch den größten Teil der Wochenenden bei ihr.

Das idyllische Bild vom Mädchen, das in seiner Freizeit glückselig und mit wehenden Haaren über Sommerwiesen reitet, stimmte bei mir nicht. Viel eher war es so, dass ich mit hängender Zunge von einem Ort zum anderen jagte und ständig Gewissensbisse hatte, weil ich mich nicht richtig um Jule kümmern konnte, zu wenig lernte oder meiner Mutter nicht genug im Haushalt half.

Was Jule anging, so war sie nach wie vor nicht mein Pferd. Sie blieb Annas Pferd und ich versorgte sie für Anna. Immer wenn ich kam, hatte ich das Gefühl, dass sie darauf hoffte, jemand anderen zu sehen, eine andere Stimme zu hören. Und ich war ihr deshalb nicht böse. Ihre Liebe und Treue rührten mich; doch es bewirkte auch, dass ich mich als eine Art ewiger Ersatz fühlte.

Nur bei den Ausritten vergaß ich manchmal, dass es

Annas Pferd war, auf dem ich saß, und wie es dazu gekommen war. Dann konnte ich es für Augenblicke genießen, die Bewegungen der Stute unter mir zu spüren, ihren nickenden Kopf zu sehen, über uns die Baumwipfel und den Junihimmel, und Jules weiße Fesseln in den Wiesenblumen.

Ich hatte die Ferien nie so herbeigesehnt wie in diesem Jahr. Nicht, weil ich etwas Besonderes plante, sondern einfach, um endlich Ruhe zu haben. Ich lehnte es ab, mit meiner Mutter nach Südtirol zu fahren, wo ihre beste Freundin ein Haus gemietet hatte, denn ich wollte Jule nicht allein lassen. Im Grunde freute ich mich richtig darauf, die Wohnung drei Wochen ganz für mich zu haben, denn auch Hannes wollte wegfahren und eine Art Überlebenstraining in den Pyrenäen machen.

Schlagartig verschwand alle Welt in die Ferien. In der Stadt wurde es himmlisch ruhig und friedlich. Ich genoss es, morgens auszuschlafen, in einsamer Größe auf dem Balkon zu frühstücken und dann mit der fast leeren S-Bahn nach Bruck zu fahren.

Wir ritten täglich zu einem kleinen See, Jule und ich, wo die Dorfjugend kreischend im Wasser herumalberte und Libellen durch die Schilfhalme schwirrten. Jule liebte es, ihre Fesseln an einer einsamen Uferstelle zu kühlen, unter den Bäumen im Schatten zu stehen und zu dösen, während ich mich sonnte und dankbar war, dass keiner etwas von mir wollte und dass ich nicht auf die Uhr zu sehen brauchte, weil ich zu einer bestimmten Zeit an einem bestimmten Ort sein und etwas Bestimmtes tun musste. Wenn Anna dabei gewesen wäre, hätte ich glücklich sein können.

Als ich Jule am Sonntagabend in den Stall zurückbrachte, fütterte Herr Michelmann gerade seine Kühe. Er war ein stiller, sanfter Mann und ich mochte ihn, weil er liebevoll mit seinen Tieren umging. Seine Hühner, Kühe und Schweine durften noch ins Freie. Auf einem von diesen modernen Bauernhöfen, wo die Tiere ihr Leben lang nur im Stall stehen und sich kaum umdrehen können, hätte ich es nie ausgehalten.

»Ach, übrigens«, sagte Herr Michelmann, während ich Jules Haferportion abmaß, »ab morgen haben wir ein drittes Pferd im Stall.«

»Echt?«, fragte ich. »Wollen Sie noch einen Haflinger kaufen?«

Er schüttelte lachend den Kopf. »Nein, du, mir reicht meine Resl. In der Siedlung drüben ist eine neue Familie eingezogen. Die haben einen Sohn, der sein Pferd mitbringt. Ein englisches Halbblut ist's, ein Wallach. Die drei Rösser werden sich schon vertragen, denk ich.«

Ich fand es ungewöhnlich, dass ein Junge ein Pferd hat. Meistens sind ja nur Mädchen pferdenärrisch. Jungen fahren eher auf Mopeds und Motorräder ab.

Bei dem Gedanken an Motorräder zuckte ich innerlich zusammen. Vielleicht wäre ja alles anders gekommen, wenn Mick nicht auf Motorräder verrückt gewesen wäre, sondern auf Pferde.

Von diesem Augenblick an hatte mich das Elend wieder gepackt. Ich fuhr nach Hause und fühlte mich total verlassen. Alle Leute waren weggefahren, es gab niemanden, mit dem ich mich auf ein Eis oder im Biergarten treffen konnte.

Ich schaltete den Fernseher ein, doch das Programm war mehr als bescheiden. Als Nächstes versuchte ich zu lesen und erwischte ausgerechnet eine traurige Geschichte von einem Wal, der von Walfängern gejagt wurde, bis ihn eine Harpunenkanone traf und innerlich zerfetzte.

Am nächsten Morgen konnte ich mich ewig nicht aufraffen und kroch erst um elf aus dem Bett, obwohl ich merkte, dass es mir nicht gut tat, so lange liegen zu bleiben. Diesmal frühstückte ich nicht auf dem Balkon, denn ich hatte keinen Hunger. Ich trank nur eine Tasse Kaffee und fuhr dann nach Bruck, drei S-Bahnen später als sonst.

So traf es sich, dass ich gerade dann auftauchte, als das neue Pferd in einem Transporter gebracht wurde. Ein blonder, hagerer Typ, hoch aufgeschossen und ungefähr so alt wie mein Bruder, half einem stämmigen Mann, die Laderampe herunterzulassen.

Jule und Resl standen auf der Koppel und sahen interessiert zu, wie ein grauer, gefleckter Wallach aus dem Anhänger geführt wurde. Kaum hatte er einen Huf auf die Laderampe gesetzt, hob er den Kopf, witterte und stieß ein durchdringendes Wiehern aus.

Jule antwortete mit ihrer hellen Stimme. Resl zog eine kleine Schau ab. Sie vollführte Bocksprünge und streckte ihren prallen Hintern in die Luft. Grasbüschel flogen unter ihren Hufen auf.

»Du kannst ihn gleich auf die Koppel bringen«, sagte Herr Michelmann zu dem blonden Jungen. »Übrigens, das ist Kirsten. Ihr gehört die dunkle Stute.«

So lernte ich Jens kennen.

Er war keiner von der redseligen Sorte, doch ich merkte schnell, dass er nicht besonders glücklich über diesen Umzug war. Er kam aus Marburg und hatte alle seine Freunde dort, besonders einen, der praktisch mit ihm zusammen aufgewachsen war.

Ich verstand, wie ihm zu Mute sein musste; besser, als er ahnen konnte. Wir sahen uns abends wieder im Stall, wo er seinen Wallach »Kümmelkuchen« fütterte und striegelte. Kümmelkuchen hieß so, weil er als Einjähriger einen ganzen Kümmelkuchen aus einem Picknickkorb geklaut und vertilgt hatte, wie ich erfuhr. Der Wallach war unruhig und hatte Schwierigkeiten mit der neuen Umgebung, das merkte man.

»Er wird sich bald eingewöhnen«, sagte ich. »Die Tiere haben's gut hier. Herr Michelmann ist astrein.«

Jens nickte. »Für mein Pferd wird's leichter sein als für mich, glaube ich. Hast du deine Stute schon lange?«

»Jule ist nicht …«, begann ich, stockte und fügte dann hinzu: »Sie gehört mir erst seit kurzem.«

Das war alles, was wir an diesem Abend miteinander

redeten. Am nächsten Morgen trafen wir uns zufällig wieder. Ich holte Jule gerade von der Weide und Jens kam mit Sattel und Zaumzeug aus dem Stall.

»Wenn du ausreiten willst«, sagte ich, »pass auf die Landstraße auf. Sie verläuft hinter dem Wäldchen; man stößt ganz plötzlich darauf.«

Er bedankte sich. »Ganz verkehrssicher ist Kümmelkuchen nicht. Reitest du auch?«

Ich nickte. »Zum Baden, ja. In der Nähe ist ein kleiner See. Er ist ein bisschen verschilft, aber sonst ganz in Ordnung.«

Jens ließ sich von mir den Weg beschreiben. »Vielleicht komm ich nach«, sagte er. »Ich müsste nur erst meine Badehose holen.«

Eine Stunde später tauchte er wirklich auf. Ich kam gerade aus dem Wasser und Jule plätscherte im Schilf. Jens hatte mich gesucht, das stand fest, denn »unsere« Uferstelle war versteckt und nicht leicht zu finden.

»Das ist aber schön hier«, sagte er und für Augenblicke verschwand der düstere Ausdruck aus seinem Gesicht. »Stör ich dich?«

»Nein«, sagte ich. »Heute nicht.«

Er war braun gebrannt und ziemlich mager. Ich mochte seine grauen Augen, obwohl sie finster waren wie der Chiemsee unter Gewitterwolken. Jens nahm seinem Wallach Sattel und Zaumzeug ab und der ging zu Jule ins seichte Wasser. Sie sahen hübsch aus, wie sie da nebeneinander standen, das dunkle und das graue Pferd, mit ihren runden Hinterteilen und den seidigen Schweifen, in denen der Sommerwind spielte.

Jens blieb lange im Wasser. Als er zurückkam, sah er entspannter aus. Ich gab ihm etwas von meiner Schokolade, die schon ziemlich geschmolzen und klebrig war, und er legte sich neben mich ins Gras.

»Ausgerechnet Bayern!«, sagte er. »Da wollte ich nie hin.«

Ich musste lachen. »Was hast du gegen Bayern?«

»Da ist alles so stur und kleinkariert und katholisch.«

»Hm«, sagte ich. »Und anderswo haben die Leute jede Menge Vorurteile.«

Er lachte ebenfalls. »Jetzt hast du's mir aber gegeben!«

Jule und Kümmelkuchen grasten nun friedlich unter den Fichten. Jens sah nett aus, wenn er lachte. Ich erfuhr, dass seine Eltern umgezogen waren, weil sein Vater nur in der Nähe von München einen geeigneten Job gefunden hatte. In Marburg hatten sie in einem schönen Haus gewohnt.

»Ich hasse dieses Reihenhaus, in dem wir hier festsitzen«, sagte Jens heftig. »Es ist wie eine Mausefalle und man kriegt alles mit, was rechts und links beim Nachbarn passiert.«

Er wollte mir nicht glauben, dass er zu den privilegierten Leuten zählte. »Immerhin habt ihr ein Haus«, meinte ich. »Und du hast ein Pferd.«

»Das hast du auch«, erwiderte er. »Hältst du dich für privilegiert?«

»Nein«, sagte ich. »Aber bei mir ist das auch was anderes.«

Dann erzählte ich ihm von Anna und Mick. Ich konnte nicht verhindern, dass ich heulte, aber er hörte ruhig zu und ich stellte fest, dass es mir nichts ausmachte, vor einem beinahe Wildfremden zu weinen.

»Dann ist die Stute also eine Art Vermächtnis«, sagte Jens, als ich mich wieder beruhigt hatte. »Kannst du dich eigentlich darüber freuen, dass sie dir gehört?«

»Freuen?« Ich schüttelte den Kopf. »Nein. Wenn ich daran denke, was passieren musste, dass es dazu gekommen ist … Und eigentlich ist's eher ein Stress für mich. Dass ich immer nach Bruck fahren muss und kaum noch Zeit für mich habe …«

Er musterte mich überrascht. »Ist das denn keine Zeit für dich, wenn du mit Jule zusammen bist?«

Das war eine gute Frage. Ich beschloss darüber nachzudenken.

»Außerdem«, sagte Jens, »kann man eine Sache so und so sehen. Ich meine, du kannst es als eine Art Geschenk nehmen, dass du ein Pferd bekommen hast, oder du siehst es als Arbeit und lästige Pflicht an. Das ist deine Entscheidung. Wenn du's als Geschenk nimmst, wirst du bestimmt anders damit umgehen. Dann ist es kein Stress mehr, sondern etwas, worauf du dich freuen kannst. Verstehst du?«

»Mir dämmert's«, sagte ich.

Er lächelte. »Oder magst du keine Pferde?«

»Doch, sehr sogar. Es gab eine Zeit, da hätte ich alles drum gegeben, ein eigenes Pferd zu haben.«

Jens sah mich an. Seine Augen waren plötzlich sehr hell, als spiegelten sie das Licht der Sonne wider. »Wo ist dann das Problem?«, fragte er.

»Aber Jule ist nicht mein Pferd«, sagte ich. »Offiziell schon, aber … sie ist Annas Pferd und wird es immer bleiben.«

Er fragte: »Kann man denn nur das lieben, was einem gehört?«

Ich schwieg.

»Du lässt manchmal Sachen los, die ich von einem Jungen nie erwartet hätte«, erwiderte ich nach einiger Zeit.

»Hab ich da nicht grade erst was von Vorurteilen gehört?«, gab er zurück und wir wechselten einen Blick und mussten lachen.

Dann badeten wir. Es war wirklich schön. Das Wasser war an der Oberfläche warm von der Sonne und darunter kühl; der Grund schimmerte braun und golden wie Bernstein zu uns herauf. Jule stand am Ufer und prustete wie ein Wasserspeier.

Wir schwammen ewig, ohne viel zu reden. Mit Jens konnte man gut schweigen. Nur einmal sagte ich: »Was du von Jule gesagt hast – dass ich mich entscheiden kann, ob ich sie als Geschenk nehme oder als lästige Pflicht –, gilt das nicht irgendwie auch für euren Umzug? So eine Veränderung kann doch auch ein Abenteuer sein.

Manchmal passieren Dinge, gegen die man sich total wehrt, und erst später begreift man, dass es gar nicht so schlecht oder sogar gut war. Kennst du das?«

»Ja«, sagte er und unter Wasser berührte sein Arm leicht den meinen. »Ich weiß, was du meinst. Manchmal denke ich auch, dass alles, was einem im Leben widerfährt, seinen Sinn hat; auch wenn es schwierig ist oder wehtut.«

Ich dachte an Anna und Mick. Ob ich je einen Sinn darin finden würde, dass sie gestorben waren?

Später ritten wir gemeinsam zurück und brachten die Pferde auf die Koppel, gingen in den Gasthof und aßen griechischen Salat. Dann war es Zeit, die Pferde zu versorgen. Es gefiel mir, wie Jens mit seinem Wallach umging, so sanft und zärtlich. Nie hätte ich geglaubt, dass ein Junge ... Da waren sie also schon wieder, meine Vorurteile ...

Als ich meine Sachen aus dem kleinen Nebenraum holte, der als Sattelkammer und Futterraum benutzt wurde, fragte Jens, ob er mich zur S-Bahn bringen sollte.

»Ich hab mein Fahrrad dabei«, sagte er.

Zum Abschied schlang ich die Arme um Jules Hals und küsste sie auf die Nase, wie Anna es immer gemacht hatte. Dann setzte ich mich auf den Gepäckträger und wir düsten den Brucker Hügel hinunter. Zum Glück hatte die Ortspolizei anderswo zu tun. Anfangs kam es mir komisch vor, Jens um die Mitte zu fassen, doch als es abschüssig wurde, war es ganz selbstverständlich, dass ich mich an ihn klammerte und meine Wange an seinen Rücken lehnte, der sich warm und überhaupt nicht knochig anfühlte.

Die S-Bahn stand schon da und wartete. Hastig stieg ich ab und sagte: »Danke. Tschüss dann. Vielleicht bis morgen!«

Doch Jens lehnte sein Fahrrad gegen die Mauer des Stationshäuschens, was verboten war, und ging ohne Fahrkarte mit mir durch die Sperre, was ebenfalls verboten war.

Die Türen standen offen und ich stieg ein. Jens blieb auf dem Bahnsteig stehen. Wir sahen uns an und waren plötzlich beide verlegen, ohne zu wissen, weshalb. Dann läutete es und irgendwo ging eine Schranke nieder.

»Sie fährt gleich los«, sagte ich überflüssigerweise.

Jens nickte. Seine Augen waren noch immer hell, obwohl die Sonne längst über den Hügel gewandert war. »Danke«, sagte er. »Das war ein schöner Tag.«

Windsbraut

Endlich war wieder Sommer. Wie jedes Jahr packten sie den Kombi bis obenhin voll und machten sich auf den Weg zum Heidehaus. Es waren immerhin fast tausend Kilometer, eine weite Strecke, weshalb sie auch nur dreimal jährlich – in den großen Ferien, zu Ostern und zu Weihnachten – dorthin fahren konnten, obwohl ihnen das Haus gehörte.

»Ich fürchte, wir werden es nicht mehr lange halten können«, meinte Kathis Vater, während sie in einer endlosen Schlange von Fahrzeugen über die Autobahn tuckerten.

Kathi erschrak. Sie hatte es längst geahnt; ihre Eltern hatten ja schon im letzten Jahr immer wieder Andeutungen gemacht und doch durchzuckte sie jetzt ein jäher Schmerz. Das Heidehaus gehörte zu ihrem Leben, solange sie denken konnte, es war seit Generationen im Besitz ihrer Familie. Ihre Ururgroßeltern hatten es als Sommerhaus bauen lassen. Sie wohnten in Lüneburg und waren sehr vermögend gewesen, doch das war lange her und von all dem Reichtum war nichts geblieben als das Heidehaus.

»Es hat immerhin schon über hundert Jahre auf dem Buckel«, fügte Stefan, ihr Vater, hinzu. »Ich darf gar nicht daran denken, was alles an Reparaturen nötig wäre. Das Dach müsste dringend neu gedeckt werden, der Verputz bröckelt von den Mauern; und der Himmel weiß, ob die Kamine den nächsten Herbststurm überstehen ...«

»Und die Fenster müssten erneuert werden«, fiel ihm Marianne, Kathis Mutter, ins Wort. »Die Wetterschenkel sind total morsch. Außerdem ...«

Kathi hörte nicht mehr hin. Sie dachte an das Haus mit seinen Erkern und Türmchen, den weißen Sprossenfenstern, der verglasten Veranda, der Rotbuche, die ihre mächtigen Zweige übers Dach breitete; an das lindgrüne Licht, das durch die Scheiben sickerte, wenn sie morgens erwachte, und die Vögel, die im alten Garten sangen.

Das Heidehaus war immer wie ein Freund für sie gewesen, ein Teil ihrer Kindheit, das beste Stück davon. Seit sie denken konnte, hatte sie sich gewünscht, dort leben zu können, weit weg von der Großstadt. Dass das Haus zugig und kalt war, dass es bei starken Gewittern durchs Dach regnete und es im Bad kein warmes Wasser gab, nur einen kupfernen Ofen, der wie der schiefe Turm von Pisa aussah und mit Holz beheizt werden musste, wenn man baden wollte, hatte sie nie gestört. Diese Mängel wurden tausendfach durch alles andere aufgewogen, was das Haus und sein großer, verwilderter Garten zu bieten hatten.

»Ich weiß ja, wie du am Heidehaus hängst, Kathi«, sagte ihr Vater. »Wir alle lieben es. Aber es ist ein Luxus, den wir uns einfach nicht mehr leisten können, jetzt, wo all die Reparaturen auf uns zukommen. Wir wissen nicht, wie wir das Geld dafür aufbringen sollen, verstehst du?«

Marianne, die neben Kathi auf dem Rücksitz saß, legte die Hand auf Kathis Knie. »Und man darf es ja auch nicht einfach so verfallen lassen«, fügte sie hinzu. »Wenn wir das Heidehaus gut verkaufen, könnten wir uns in München eine größere Wohnung leisten. Vielleicht sogar ein Reihenhaus mit einem kleinen Garten.«

Kathi erwiderte nichts. Sie wollte kein Reihenhaus. Sie wollte die alte Villa in der Heide behalten. Wie konnte man ein Haus verkaufen, das seit Generationen im Familienbesitz war? Es gehörte doch zu ihnen. Kathi hatte dort als Kind gespielt, genau wie ihre Mutter, ihr Großvater, ihre Urgroßmutter. Es war ein Haus voller Geschichten.

Abends, als Kathi wieder in ihrem Bett in der Mansarde lag, unter der bunten Decke aus Stoffresten, die noch ihre Großmutter genäht hatte, sah sie, dass ein neuer Fleck an der Wand dazugekommen war, groß und dunkel und feucht auf der verblassten Rosentapete. Durchs offene Fenster hörte sie eine Nachtigall flöten wie schon in so vielen Sommernächten. Ob es immer die gleiche Nachtigall war, die genau wie sie Jahr für Jahr hierher zurückkehrte? Kathi dachte, dass sie im nächsten

Sommer vielleicht schon nicht mehr im Heidehaus sein würde, um sie singen zu hören.

Die Ferien begannen mit einer Regenperiode, was zusätzliche feuchte Stellen an den Wänden der Mansarde bedeutete. Stefan, Marianne und Kathi stellten Eimer und Schüsseln im Speicher auf, um den Regen aufzufangen, der durchs Dach kam.

»Mein lieber Scholli!«, sagte Marianne. »Seht euch nur mal den Krempel an, der sich in den vergangenen hundert Jahren hier angesammelt hat! Kisten und Koffer und Truhen, jede Menge Papierkram, kaputte Möbel, alte Schränke ... das wird eine Heidenarbeit, sich durch alles durchzuwühlen ...«

Kathi, die begriff, was diese Bemerkung bedeutete, wurde traurig. Ihre Eltern wollten das Haus räumen – wie bald schon? Sie fragte nicht nach. Doch an einem dieser verregneten Tage kletterte sie wieder über die Leiter in den Speicher hinauf, diesmal allein. Sie hatte eine Taschenlampe dabei, denn hier oben gab es kein elektrisches Licht und durch die beiden winzigen Dachluken kam kaum Helligkeit.

Die alten Truhen steckten voller Wäsche und Kleidungsstücke, die Stockflecken hatten und von Motten und Mäusen angenagt waren. Zwischen den Schränken gab es einen riesigen Koffer mit Lederbändern und bunten Aufklebern aus aller Welt. Zuerst dachte Kathi, der Koffer wäre verschlossen und der Schlüssel längst verloren gegangen, doch dann merkte sie, dass er sich ohne weiteres öffnen ließ und einen Wust von vergilbten Zeitschriften, Ordnern und Schriftstücken enthielt.

Plötzlich erinnerte sie sich, dass sie als Kind schon einmal hier auf dem Boden gesessen war und diesen Koffer durchgesehen hatte, voller Hoffnung, auf verborgene Schätze zu stoßen. Auch das Heft mit dem marmorierten Einband, das mit einer Schleife zusammengebunden war, hatte sie schon einmal in den Händen gehalten.

Kathi nahm das Heft heraus und band die Schleife auf. Im Schein der Taschenlampe entzifferte sie die Druckbuchstaben auf dem ersten Blatt: *Effi Johanson* stand da und darunter die Jahreszahl 1923.

Effi war ihre Urgroßmutter gewesen. Kathi wusste, dass sie 1908 geboren war; ihre Mutter hatte es ihr erzählt. Effi Johanson musste also fünfzehn gewesen sein, genauso alt wie Kathi jetzt, als sie dieses Tagebuch geschrieben hatte, denn ein Tagebuch war es. Die Seiten waren voll gekritzelt mit blauer Tintenschrift. Dazwischen standen immer wieder Zahlen, die das Datum der Eintragungen vermerkten. Auch kleine Bleistiftzeichnungen gab es, gepresste Blumen und Gräser, die längst verblasst und brüchig waren.

Jetzt fiel Kathi ein, dass sie das Tagebuch ihrer Urgroßmutter schon damals gern gelesen hätte, als sie es zum ersten Mal entdeckte. Zu dieser Zeit war sie ungefähr sieben gewesen und hatte gerade lesen gelernt, doch nicht diese seltsame, verschnörkelte Krakelschrift. An dieser Schrift war sie gescheitert; sie wusste noch, dass sie das Heft enttäuscht in den Koffer zurückgelegt hatte.

Diesmal nahm sie es und kletterte damit die Leiter hinunter. In ihrem Zimmer legte sie das Heft auf den Schreibtisch, der unter dem Fenster stand. Regen überflutete die Scheiben. Es ist, als würde man unter Wasser sitzen, dachte Kathi. Ein winziges Rinnsal quoll zwischen dem Fensterbrett und dem Rahmen herein, dort, wo das Holz morsch und brüchig war.

Kathi dichtete die Stelle notdürftig mit einer Plastiktüte ab. Dann ging sie ins Wohnzimmer, wo ihre Eltern in den abgewetzten Ledersesseln saßen. Marianne las und Stefan schrieb einen Brief.

Eine Wand des Wohnzimmers war mit Regalen voll gestellt, die Unmengen von Büchern enthielten. Die meisten waren schon alt, mit ledernen Einbänden und Goldschrift.

»Was suchst du?«, fragte Stefan, als Kathi auf einen Stuhl stieg und eines der Bücher herauszog.

»Ein Lexikon«, antwortete sie. »Ich will mal nachsehen, ob ich was über alte Schriften finde.«

»Alte Schriften? Meinst du Hieroglyphen oder so was?«

Kathi schüttelte den Kopf. »Nein. Eine Schrift, wie sie vor ungefähr siebzig Jahren bei uns geschrieben wurde. Ich hab auf dem Dachboden ein Heft gefunden. Es muss Urgroßmutters Tagebuch sein. Kannst du so was entziffern?«

Ihr Vater lachte. »Nein, du, so ein Grufti bin ich nun doch wieder nicht. Vermutlich ist's die alte Sütterlinschrift. Die schreibt schon seit einem halben Jahrhundert keiner mehr. Marianne, kennst du dich damit aus?«

Kathis Mutter erwiderte geistesabwesend: »Wie? Nein, natürlich nicht. Aber im Lexikon findet ihr wahrscheinlich keine genaueren Angaben.«

Sie legte ihre Zeitschrift beiseite und stand auf. »Irgendwo in einem der oberen Regale müsste ein Buch über Schriftkunde sein. Es hat meinem Vater gehört. Sieh mal nach, ob du unter ›Paläographie‹ was findest, Kathi.«

Es war ein dicker Wälzer mit einem Muster aus Runenzeichen auf dem Schutzumschlag. Kathi nahm ihn mit nach oben und stieß nach einigem Blättern unter dem Kapitel »Deutsche Schreibschrift« auf ein Alphabet in Sütterlinschrift und mehrere Schriftproben.

Ja, die Buchstaben waren die gleichen wie in Effis Tagebuch. Kathi fand heraus, dass es am besten war, wenn sie ein Blatt Papier neben das alte Heft legte und jedes Wort, das ihre Urgroßmutter vor siebzig Jahren geschrieben hatte, in ihre eigene Schrift übersetzte.

Es war mühsam, doch Kathi konnte sehr geduldig sein. Nach mehr als zwei Stunden hatte sie die erste Seite entziffert und niedergeschrieben. Die erste Eintragung war vom 15. Mai 1923:

»Heute ist mein Geburtstag, ein Tag, den ich mein Leben lang nicht vergessen werde. Papa und Mama haben mir meinen sehnlichsten Wunsch erfüllt und mir ein

wunderbares Geschenk gemacht, eine Freude, die so groß ist, dass ich sie nicht in Worten ausdrücken kann.

Als ich morgens zum Frühstück kam, stand ein Kuchen mit fünfzehn Kerzen auf dem Tisch. Papa und Mama umarmten mich, lächelten geheimnisvoll und sagten, ich sollte auf den Vorplatz hinausgehen. Ich war schrecklich aufgeregt; in mir war eine Vorahnung, dass etwas ganz Besonderes auf mich wartete.

Lily, meine kleine Schwester, rannte vor mir her und schrie: ›Du errätst es nie! Du errätst es nie!‹ Und als ich die Haustür öffnete, stand da ein Schimmel am Fuß der Vortreppe, eine Stute, schön wie ein Pferd aus einer Sage. Ach, es dauerte eine ganze Weile, bis ich begriff, dass sie mir gehörte!

Ich war ganz überwältigt und weinte vor Freude. Schon drei Jahre lang habe ich mir ein eigenes Pferd gewünscht, seit dem Tag, an dem ich meine erste Reitstunde bekam; und heute ist dieser Wunsch in Erfüllung gegangen. Ich muss mich immer wieder selbst in den Arm kneifen, um sicher zu sein, dass es kein Traum ist …«

Kathi sah hoch. In der Fensterscheibe waren die Umrisse ihres eigenen Gesichts zu erkennen, doch für einen Augenblick stellte sie sich vor, nicht sie, sondern Effi säße hier und schriebe in ihr Tagebuch.

Ein wunderliches Gefühl hatte Kathi ergriffen, seit sie sich mit den Aufzeichnungen beschäftigte; fast, als wäre ihre Urgroßmutter, die vor mehr als fünfzig Jahren gestorben war und die sie nie gekannt hatte, bei ihr.

Abends saß Kathi noch lange im Bett, eine Decke um die Schultern gewickelt, und entzifferte die Eintragung auf der zweiten Seite, die vom 23. Mai war:

»*Ich werde meine weiße Stute Windsbraut nennen. Sie ist so sanft und gefügig und ich liebe sie schon jetzt von ganzem Herzen. Ich glaube und hoffe, dass sie mich auch bald lieb gewinnen wird.*

Heute sind wir zum ersten Mal miteinander ausgeritten. Es ging sehr gut, obwohl Windsbraut ein bisschen Angst vor Lilys Hund hatte, der ihr immer um die Beine sprang und wild kläffte. Doch sie gewöhnt sich bestimmt bald an ihn und wird begreifen, dass er einfach nur jung und verspielt ist.

Wir sind über den Eichengrundweg und durch die Felder zum Bibersee geritten, vorbei an der Wunschquelle. Windsbraut scheute etwas, als uns ein Mann mit einem dieser neuen Ford-Automobile entgegenkam; doch ich hatte sie gut im Griff, sie ist fügsam und verständig. Und sie kann galoppieren, leicht und schnell wie der Wind!«

Kathi kannte die Wunschquelle. Wieder beschlich sie ein seltsames Gefühl, als sie las, wie ihre Urgroßmutter Orte beschrieb, die sie selbst so oft aufgesucht hatte. Wie gern hätte sie Effi gekannt – und auch Windsbraut, ihr Pferd. Doch die Zeit, die zwischen ihnen lag, war unüberbrückbar, unüberwindbarer als jedes noch so schwierige Hindernis, das sich den Helden in Märchen und Sagen in den Weg stellt.

Kathi überlegte, wie Effi wohl ausgesehen haben

mochte. Vor Jahren hatte sie mit ihrer Mutter ein altes Fotoalbum durchgesehen, doch an ein Foto ihrer Urgroßmutter konnte sie sich nicht erinnern.

Beim Frühstück sagte Marianne, Kathi solle in der Kommode im Gästezimmer nachsehen; dort müssten in der obersten Schublade die alten Familienalben liegen.

»Hast du Effi noch gekannt?«, fragte Kathi. »Sie war ja deine Großmutter.«

Marianne schüttelte den Kopf. »Sie ist gestorben, ehe ich geboren wurde. Effi hat lange Zeit in England gelebt. Dort war sie mit ihrem ersten Mann verheiratet. Ich weiß leider nicht viel von ihr.«

Im größten und ältesten Fotoalbum stieß Kathi auf das erste Foto ihrer Urgroßmutter. Es zeigte ein Mädchen im weißen Kleid, den Blick ernst in die Kamera gerichtet, die schulterlangen Haare an den Schläfen mit Schleifen zurückgebunden. Neben ihr stand ein etwa sechsjähriges Kind im Rüschenkleidchen. Darunter hatte jemand mit weißer Tinte in Druckbuchstaben auf den braunen Karton geschrieben: Effi und Lily im März 1920.

Ein paar Seiten weiter fand Kathi, was sie suchte: Effi und Windsbraut im Garten des Heidehauses.

Es war ein ziemlich unscharfes Foto, aber Kathi konnte erkennen, dass ihre Urgroßmutter ihr ähnlich gewesen sein musste. Sie hatten das gleiche schmale Gesicht unter glattem Haar, die selben weit auseinander stehenden Augen und die zarte Nase mit dem Kick nach oben. Sogar die Art, wie Effi den Kopf schief gelegt hatte, erinnerte Kathi daran, wie sie sich selbst manchmal im Spiegel sah.

Effi wirkte groß und etwas knochig. Sie saß im Damensattel, was eine recht schwierige Art zu reiten ist, wie Kathi wusste. Ihre Reitkleidung war altmodisch – ein langer, weiter Rock, dazu eine eng anliegende Jacke, die ihre schmale Taille betonte, und auf dem Kopf ein kesser kleiner Hut. Kathi fand, dass sie hübsch aussah, fast wie die Heldin in einem alten Kostümfilm.

Vorsichtig trennte sie das Foto aus dem Album. Es ging ganz leicht, denn der Klebstoff war längst ausgetrocknet. Kathi lehnte es an den Fuß der Schreibtischlampe, sodass sie es immer wieder ansehen konnte, während sie die nächsten beiden Seiten aus Effis Tagebuch übertrug. Jetzt kam sie schon besser mit der alten Schrift zurecht. Sie gewöhnte sich immer mehr an die verschnörkelten Buchstaben mit den langen Schleifen nach oben und unten.

Effi beschrieb ihre Ausritte mit Windsbaut voller Begeisterung. Sie musste jeden Tag stundenlang mit ihrer Schimmelstute unterwegs gewesen sein. Damals gehörten offenbar noch ein Stall und eine Remise zum Heidehaus, doch die Nebengebäude waren wohl mit der Zeit verfallen und längst abgerissen worden, denn Kathi hatte nie eine Spur davon gesehen.

»Papa hat einen Stallburschen eingestellt«, schrieb Effi. *»Er kommt täglich mehrere Stunden, um den Stall*

auszumisten, Windsbraut zu füttern und zu striegeln und ihre Hufe auszukratzen. Er heißt Jonathan und ist der Sohn eines Bauern. Ich glaube, er ist nur ein Jahr älter als ich. Zur Schule geht er nicht mehr.

Es gefällt mir, wie Jonathan mit Windsbraut umgeht. Er ist behutsam und liebevoll, überhaupt nicht grob wie die meisten Bauern. Mir gegenüber ist er sehr schüchtern. Er bringt kaum ein Wort heraus, nicht mehr als ›Guten Tag, gnädiges Fräulein‹ oder höchstens noch: ›Ein schönes Pferd haben Sie da.‹«

Kathi dachte, dass es ihrer Urgroßmutter bestimmt nicht geschadet hätte, ihr Pferd selbst zu versorgen, jedenfalls während der Ferien. Sie selbst hätte das bestimmt getan, wenn sie ein Pferd gehabt hätte. Doch das schickte sich damals für eine »höhere Tochter« wohl nicht. Bei vermögenden Leuten hatte es für alles Dienstpersonal gegeben – Stubenmädchen, Köchinnen, Gärtner und natürlich auch Stallburschen, falls man Pferde besaß.

Jonathans Name tauchte nun immer häufiger in Effis Tagebuch auf. Sie schilderte ihn als gut aussehend, dunkelhaarig, sehr hoch gewachsen, schlank und feinfühlig.

»Jonathan«, schrieb sie zwei Wochen später, *»ist nicht das, was man sich unter einem Bauernjungen vorstellt. Natürlich sind seine Eltern arme, einfache Leute und er hat nur ein paar Jahre die Dorfschule besucht. Aber sicher könnte er zur Universität gehen und studieren, wenn er in eine andere Familie hineingeboren wäre,*

denn er ist klug und wissbegierig. Ich leihe ihm meine Bücher von Walter Scott und die Lederstrumpf-Romane von J. F. Cooper, weil er für sein Leben gern liest. Natürlich sage ich davon nichts zu Papa und Mama. Ich weiß, es wäre ihnen nicht recht. Sie erwarten von mir, dass ich den nötigen Abstand zum Personal halte.«

Kathi legte den Kugelschreiber beiseite und sah erstaunt auf die letzte Zeile nieder. Abstand zum Personal? Was meinte Effi nur damit? Bedeutete das, dass es den Töchtern und Söhnen reicher Eltern damals nicht erlaubt war, sich ganz normal mit Gleichaltrigen zu unterhalten, sich mit ihnen zu treffen oder ihnen Bücher zu leihen, nur weil sie aus einfacheren Verhältnissen stammten?

»Manchmal«, fuhr Effi fort, *»kommt mir Jonathan vor wie ein verwunschener Prinz, wenn ich ihn in seiner groben Kleidung sehe. Sie passt so gar nicht zu seinen feinen Gesichtszügen und seiner Haltung, die irgendwie elegant wirkt. Besonders, wenn er reitet. Dann erinnert er mich an eine Sagengestalt, an einen von König Artus' Rittern vielleicht. Ja, ich lasse Jonathan ab und zu auf Windsbraut reiten – heimlich natürlich. Wir treffen uns dann im Ebereschenwäldchen, wo kaum jemals ein Mensch hinkommt.*

Jonathan macht zu Pferd wirklich eine gute Figur. Er hat sich auf einem Arbeitspferd selbst das Reiten beigebracht und ich finde, er ist ein Naturtalent.

Ich glaube, Jonathan liebt Windsbraut ebenso sehr

wie ich. Und ich weiß, er wird sie gut versorgen, wenn die Ferien vorüber sind und ich nur noch an den Wochenenden im Heidehaus sein kann.«

Endlich hatte der Regen aufgehört. Kathi unternahm lange Streifzüge durch die Umgebung, zu Fuß oder mit dem klapprigen Fahrrad, auf dem schon ihre Mutter als Schulmädchen herumgekurvt war. Sie versuchte den Hof zu finden, der Jonathans Eltern gehört hatte.

Effi hatte Jonathans Nachnamen nie erwähnt, doch es gab eine Ortsbeschreibung im Tagebuch, nach der Kathi sich ungefähr vorstellen konnte, wo der Hof liegen musste: auf halbem Weg zwischen der Wunschquelle und dem Ebereschenwäldchen, in einer Talsenke am Fuß eines Hügels, der »Fuchskegel« hieß.

Mit dem Fahrrad war es etwa eine Viertelstunde bis dorthin. Ein Bach floss durch das schmale Wiesental, doch Kathi fand kein Haus, nicht einmal eine verfallene Hütte.

Sie ließ das Rad am Wegrand zurück und ging über die Steinbrücke und weiter den Bach entlang, denn Effi hatte geschrieben, dass Jonathans Elternhaus am Bachufer stand. Wirklich entdeckte sie an einer Krümmung des Bachlaufes, zwischen Weiden und Erlengestrüpp, die Überreste von Mauerwerk; eine Art rechteckige Grube, die von bemoosten Steinen eingefasst und vom Gras fast überwuchert war.

Hier musste Jonathans Elternhaus gestanden haben. Nichts war davon geblieben als dieser einstige Kellerraum. Was mochte aus Jonathan und seiner Familie geworden sein? Waren sie fortgezogen? War Jonathan in die Stadt gegangen, um dort Arbeit zu suchen?

Vielleicht gab es ja in Effis Tagebuch einen Anhaltspunkt. Kathi radelte zum Heidehaus zurück, spannte die Hängematte zwischen den Birken auf, holte das Tagebuch aus ihrem Zimmer und legte sich damit in die Sonnenkringel, die durch das lichte Laub sickerten.

Ein leichter Wind schaukelte die Hängematte sacht hin und her. Es duftete nach den Blüten der alten Kletterrosen, die ihre Ranken bis in die Zweige der Birke streckten. Marianne kam und brachte Kathi einen Becher Eis, in dem ein Papierschirmchen steckte.

»Wie schön es hier ist!«, sagte sie. »Ich wünschte, wir könnten das Haus behalten und hier leben. Wenn es nur einen Weg gäbe ...« Sie seufzte leicht und fragte dann: »Liest du noch immer in Großmutters Tagebuch?«

Kathi nickte. »Du«, sagte sie, »Effi hatte ein Pferd, eine weiße Stute. Erinnerst du dich eigentlich, ob hier im Wiesengrund mal ein Bauernhof stand?«

»Im Wiesengrund?«, wiederholte ihre Mutter. »Nein, da war nie ein Haus. Wie kommst du darauf?«

»Effi schreibt davon, dass im Wiesengrund ein kleiner Hof war. Die Bauern hatten einen Sohn, der war im Heidehaus Stallknecht und hat Effis Stute versorgt.«

»Der Hof hat wohl schon nicht mehr existiert, als ich zur Welt kam«, meinte Marianne. »Das ist ja auch schon sehr lange her. Um die Jahrhundertwende sind viele arme

Leute nach Amerika ausgewandert, weil sie hofften, es dort zu etwas zu bringen. Hier hatten sie nur wenig Chancen, aus ihrem Elend herauszukommen.«

Ja, dachte Kathi, vielleicht ist Jonathan wirklich ausgewandert, als er erwachsen war. Sie wünschte ihm, dass er irgendwo einen guten Job gefunden und genug verdient hatte, um sich ein eigenes Pferd leisten zu können; dass er nicht sein Leben lang gezwungen gewesen war, für reiche Leute wie Effis Eltern zu schuften und sich dabei auch noch von oben herab behandeln zu lassen.

Effi berichtete von einem Sommerfest auf dem Heidehof, zu dem man fast fünfzig Gäste aus der Stadt und der nahen Umgebung eingeladen hatte.

»*Gern würde ich Jonathan fragen, ob er zu unserem Fest kommen will*«, schrieb sie. »*Aber natürlich wären Mama und Papa damit nie einverstanden. Und sicher würde er sich auch nicht wohl fühlen. Er hätte weder die passende Kleidung, noch hat er je tanzen gelernt; und natürlich verfügt er auch nicht über die nötigen Umgangsformen …*«

Kathi klappte das Heft zu und starrte in die Luft. In ihr brodelte es. Wie konnte Effi nur ein derart dummes, versnobtes, aufgeblasenes Zeug schreiben? Wahrscheinlich konnten alle diese hochnäsigen, protzigen Typen Jonathan nicht einmal das Wasser reichen!

Sie überblätterte die drei Seiten, auf denen Effi vom Sommerfest berichtete, das Kleid beschrieb, das sie getragen hatte, und von der Musikkapelle schwärmte, die zum Tanz aufgespielt hatte, von den bunten Lampions und Windlichtern im Garten, der Früchtebowle und dem köstlichen Essen.

»*Jonathan ist gekommen und hilft, die Tische und Stühle wegzuräumen und den Garten und die Terrasse zu säubern*«, schrieb sie am folgenden Tag. »*Windsbraut ist unruhig vom Lärm der letzten Nacht. Ich habe mich heute nach dem Frühstück zu einem Ausritt mit Karl und Elise vom Birkenhof getroffen, die etwas älter sind als ich. Sie besitzen zwei schöne Braune, englische Vollblüter, die schon mehrere Preise auf Turnieren gewonnen haben. Leider sind Karl und Elise nur ein paar Tage hier, dann reisen sie in die Schweiz.*

Ich mag Elise. Karl ist etwas aufgeblasen. Ich finde auch, dass Jonathan viel besser zu Pferd sitzt als er. Jonathan hat eine natürliche Anmut, die Karl trotz seiner teuren Reitkleidung und seines französischen Reitlehrers nie haben wird. Außerdem geht er grob und herrisch mit seinem Pferd um. Er reißt hart am Zügel und lässt es galoppieren, bis ihm der Schaum vor dem Maul steht. Jonathan würde das nie tun, obwohl er weder eine vornehme Erziehung noch höhere Schulbildung hat.«

Am nächsten Tag war es so heiß, dass Kathi ihre Badesachen einpackte und zum Bibersee radelte, Effi hatte einmal geschrieben, dass sie mit Windsbraut zum See geritten war, damit die Stute an einer seichten Uferstelle ihre Fesseln kühlen konnte.

Wie gern hätte Kathi auch ein Pferd gehabt! Effi wusste wohl nicht, wie glücklich sie war – mit reichen Eltern, die ihr jeden Wunsch erfüllten, und mit dem Heidehaus, in dem sie die Wochenenden verbringen durfte; mit einem eigenen Pferd und einem Freund wie Jonathan. Denn Jonathan war in gewisser Weise Effis Freund gewesen, trotz des Abstands zwischen ihnen, der Kluft zwischen einer »höheren« Tochter und einem Bediensteten aus ärmlichen Verhältnissen.

Als Kathi nachmittags nach Hause kam und mit ihren Eltern im Garten einen großen Teller Salat gegessen hatte, setzte sie sich noch mit Effis Tagebuch auf die Veranda. Dabei merkte sie, dass auch das Leben ihrer Urgroßmutter nicht immer nur sorglos und glücklich verlaufen war.

»*Heute*«, schrieb Effi am 14. Juli, »*hat Papa mir beim Abendessen eröffnet, dass er und Mama beschlossen haben, mich für drei Jahre auf eine Internatsschule nach England zu schicken.*

Ich bin sehr traurig, denn eigentlich möchte ich nicht von zu Hause fort. Und was soll aus Windsbraut werden, wenn ich nicht mehr hier bin? Papa sagt, es ist ihm wichtig, dass ich perfekt Englisch lerne. Doch ich glaube, sie wollen mich von hier wegbringen, weil sie herausgefunden haben, dass ich öfter mit Jonathan zusammen bin. Gestern hat Mama noch gesagt, ich solle Jonathan keine Bücher leihen, das wäre unschicklich. Eines der Dienstmädchen hat beobachtet, wie mir Jonathan mein altes Lieblingsbuch ›Tom Sawyer‹ zurückgab.

Vielleicht denken sie, ich wäre in Jonathan verliebt oder er in mich. Ich kann ihnen nicht erklären, dass ich ihn einfach nur sehr gern habe, so wie einen Bruder. Es tut mir Leid, dass er so unwissend aufwachsen muss, obwohl er sich für so vieles interessiert, vor allem für Bücher. Er kann doch nichts dafür, dass er der Sohn armer Eltern ist!

Ich habe stundenlang geweint. Schließlich kam Mama zu mir herauf und hat versprochen, dass Windsbraut nicht verkauft wird. Sie sagt, Lily bekäme im Herbst Reitunterricht und könnte vielleicht schon im nächsten Jahr mit Windsbraut reiten. Jonathan wird sich weiter um mein Pferd kümmern und Windsbraut darf hier auf dem Heidehof bleiben, bis ich wieder aus England zurück bin.

Drei Jahre! Das ist eine schrecklich lange Zeit, eine Ewigkeit. Ich werde schlimmes Heimweh haben – nach Mama und Papa, nach Lily, nach Windsbraut und dem Heidehaus, auch nach Jonathan. Ja, Jonathan ist mir ans Herz gewachsen. Wenigstens weiß ich, dass er sich gut um die Stute kümmern wird. Keinem würde ich sie lieber anvertrauen als ihm. Das tröstet mich ein bisschen. Ich werde ihm einen ganzen Karton voller Bücher in den Stall stellen; Bücher, aus denen er etwas lernen kann, und Geschichten von Dickens und Storm und Defoes ›Robinson Crusoe‹. Die kann er behalten. Er hat ja sonst nichts, was ihm gehört, nur ein paar schäbige Kleidungsstücke, eine Mundharmonika und ein Gebetbuch von seiner Großmutter.«

An diesem Abend schlief Kathi ziemlich bedrückt ein. Im Traum sah sie Effi und Jonathan auf Windsbraut reiten. Sie flohen über die Heide bis ans Meer, wo sie auf einem Schiff nach Amerika übersetzen wollten, um dort gemeinsam ein neues Leben zu beginnen; in einem Land, in dem sich keiner darum kümmerte, dass Jonathans Eltern arm und ungebildet waren und Effis Eltern reich. Doch dann weigerte sich der Kapitän, ein Pferd mit auf sein Schiff zu nehmen, und die beiden wussten nicht, was sie tun sollten. Effi meinte, sie sollten Windsbraut zurücklassen, Jonathan aber sagte, das würde er niemals zulassen. Da erwiderte Effi: »Wir nehmen ihr das Zaumzeug und den Sattel ab und sie wird zum Heidehaus zurücklaufen.«

Ganz deutlich hörte Kathi Effis Stimme im Traum. Sie fuhr aus dem Schlaf hoch und sah sich verwirrt im Zimmer um. Der Mond schien durchs Giebelfenster und sie war allein. Es war Mitternacht.

Weil sie nicht mehr einschlafen konnte, knipste sie die Nachttischlampe an und nahm Effis Tagebuch zur Hand. Es gab nur noch zwei letzte Seiten, die beschrieben waren. Ein getrockneter Zweig mit verblasstem Heidekraut war in die rechte obere Ecke des vorletzten Blattes geklebt. Darunter stand das Datum: 20. Juli 1923.

»Ich habe noch einmal versucht, Papa und Mama umzustimmen, aber es bleibt dabei. Sie haben mich schon auf dem Mädchenpensionat in der Nähe von Oxford angemeldet. Ende des Sommers muss ich nach England rei-

sen. Schon morgen verlassen wir das Heidehaus und fahren nach Lüneburg zurück, damit alles erledigt werden kann, was für meine Abreise nötig ist.

Ich gehe herum und verabschiede mich von allem. Vom Gärtner und seinem Hund Bonzo, der schon alt ist und vielleicht nicht mehr leben wird, wenn ich zurückkomme. Von den Dienstmädchen, die hier in der Gegend wohnen, vom Garten, von den Wiesen rundum, dem Birkenwäldchen und von meinem lieben Heidehaus, das ich nun so lange nicht mehr sehen werde.

Auch von Jonathan. Er wollte sich nachmittags einfach so davonstehlen, doch ich bin ihm nachgelaufen und habe ihn an der hinteren Gartenpforte eingeholt. Ich glaube, er hatte Angst vor dem Abschied.

›Pass gut auf Windsbraut auf, ja?‹, habe ich zu ihm gesagt.

Er nickte nur und wandte das Gesicht ab, aber ich sah trotzdem, dass Tränen in seinen Augen standen.

›Ich werde dir schreiben‹, sagte ich. ›Und die Bücher, die in dem Karton in der Sattelkammer sind, kannst du behalten.‹

Wir gaben uns die Hand. Jonathan hat schlanke, feingliedrige Hände, obwohl sie schon voller Schwielen sind von der schweren Arbeit, die er zu Hause leisten muss.

›Leben Sie wohl‹, sagte er leise. ›Vergessen Sie mich nicht ganz.‹

Mein Herz war furchtbar schwer, als ich ihm nachsah, wie er über den Feldweg ging, mit hängenden Schultern unter der groben blauen Arbeitsjacke, die ihm viel zu weit ist und die er wahrscheinlich von seinem Vater übernommen hat. Er schaute sich kein einziges Mal um. Ach, ich wünschte, seine Eltern wären reiche, angesehene Leute, oder meine wären arme Bauern; wer weiß, was dann aus uns beiden werden könnte ...«

Kathi spürte, wie es heiß hinter ihren Augen aufstieg. Das alles lag schon so lange zurück. Effi und Jonathan waren längst tot und doch kam es ihr vor, als hätte der Abschied zwischen ihnen erst gestern stattgefunden. Armer Jonathan!, dachte sie. Denn sie wusste ja von ihrer Mutter, dass Effi in England geblieben war und dort geheiratet hatte. Erst viele Jahre später, nach dem Tod ihres ersten Mannes, war sie nach Deutschland zurückgekommen und hatte ein zweites Mal geheiratet.

Nur zwei kurze Absätze standen noch in Effis Tagebuch, eine halbe Seite, die mit einem traurigen kleinen Kringel endete:

»Eben war ich noch im Stall und habe von Windsbraut Abschied genommen. Sie stand so zufrieden in ihrer Box und kaute an den Mohrrüben, die ich ihr mitgebracht hatte. Ich küsste ihre schöne weiße Nase und weinte in ihre Mähne. Sie blies mir sacht ins Haar und ich spürte ihre weichen, weichen Lippen in meinem Nacken. Wie gern würde ich sie mitnehmen! Nein, noch tausendmal lieber würde ich hier bleiben, im Heidehaus, und es müsste ewig Sommer sein. Nichts dürfte sich verändern.

Ich werde mein Tagebuch hier lassen. In drei Jahren, wenn ich wiederkomme, schreibe ich weiter. Hoffentlich ist Jonathan dann noch da; hoffentlich ist Windsbraut gesund und erkennt mich wieder. Warum muss man Menschen und Tiere und Orte verlassen, die man liebt? Es erscheint mir so grausam und sinnlos …«

Das waren die letzten Worte in Effis Tagebuch. Kathi schlief traurig ein und wachte am nächsten Morgen mit dieser Traurigkeit auf – nicht nur wegen der alten Geschichte von Effi und Jonathan und Windsbraut. Nun kam noch der Gedanke dazu, dass auch sie bald Abschied für immer nehmen musste, Abschied vom Heidehaus, das ein Stück ihrer Kindheit und Jugend war, ein Stück ihrer Familiengeschichte.

»Was ist los mit dir, Kathi?«, fragte ihr Vater beim Frühstück. »Du siehst so bedrückt aus. Geht's dir nicht gut?«

Kathi schüttelte stumm den Kopf. Sie saßen auf der Terrasse und die Vögel sangen wie an jedem Sommermorgen. Da sagte Marianne: »Wir haben uns etwas überlegt, Stefan und ich. Es ist so schön hier, ein richtiges Paradies. Vielleicht wäre es ein Fehler, das Heidehaus aufzugeben.«

Kathi sah sie ungläubig an. Ihre Finger zitterten plötzlich so, dass sie die Teetasse absetzen musste. Jetzt mischte sich ihr Vater wieder ein.

»Vielleicht könnte ich hier in der Gegend einen Job an einer Schule finden. Ich werde ein Versetzungsgesuch einreichen. Die Chancen stehen nicht schlecht. Es gibt sicher viele Lehrer, die von der Provinz weg in die Stadt ziehen möchten, und Bayern ist ja ein recht beliebtes Bundesland. Es hat einen hohen Freizeitwert, wie das immer so schön heißt. Vielleicht gibt es einen Kollegen, der mit mir tauscht. Dann könnten wir in die Lüneburger Heide ziehen.«

Kathi hatte das Gefühl, ein Eisberg zu sein, der von der Sonne beschienen wird und schmilzt. »Mann!«, sagte sie. »Das wär ja absolut spitzenmäßig! Phantastisch wäre das, einfach galaktisch …«

Stefan lachte. »Nicht so schnell, du! Das ist erst mal nur so eine Idee. Wer weiß, ob sie sich verwirklichen lässt. Wir müssten unsere Münchner Wohnung verkaufen. Wenn wir Glück haben, könnten wir von dem Geld, das wir für sie bekommen, die notwendigsten Reparaturen am Heidehaus bezahlen.«

»Vielleicht könnten wir dann auch noch neben dem Gästezimmer ein kleines Duschbad einbauen und es im Sommer ab und zu an Feriengäste vermieten. Das wäre ein schöner Nebenverdienst«, fügte Marianne hinzu. »Was meinst du, könntest du dir vorstellen, ständig im Heidehaus zu leben? Du hast hier doch keine Freunde in deinem Alter mehr, seit die Hansens weggezogen sind. Vielleicht wäre es dir ja auf die Dauer zu langweilig.«

»Langweilig?« Kathi schüttelte heftig den Kopf. »Bestimmt nicht! Ich werde sicher Freunde finden, wenn ich hier zur Schule gehe. Und es gibt keinen Ort auf der

Welt, an dem ich lieber leben würde als im Heidehaus, das wisst ihr!«

Sie sprang auf und umarmte ihre Eltern. Dann rannte sie in den Garten hinaus und schlang die Arme um den Stamm der Birke. Sie war so weiß und silbrig, wie sie sich Windsbrauts Fell vorstellte.

Später holte sie Effis Tagebuch und setzte sich damit in den Schaukelstuhl auf die Veranda. Es waren noch mindestens zehn leere Seiten im Heft. Kathi nahm ihren Kugelschreiber und schrieb auf das vergilbte, fleckige Papier gleich unter Effis letzte Eintragung:

»*Heidehaus, den 15. August 1998*

Heute ist der glücklichste Tag meines Lebens. Meine Eltern sind beim Frühstück damit herausgerückt, dass wir hierher ziehen werden. Sie sagen, es ist noch nicht sicher, aber ich weiß, dass es klappen wird. Unser Heidehaus wird nicht verkauft! Effi musste von hier fortgehen, aber ich darf für immer bleiben.

Ich hoffe, Effi ist glücklich geworden – sie und auch Jonathan. Und Windsbraut. Ich wünsche mir, dass Jonathan und Lily die weiße Stute gut versorgt haben, nachdem Effi wegging.

Schade, dass wir nicht zur gleichen Zeit gelebt haben. Vielleicht wären wir alle Freunde geworden.«

Inselsommer

Krister war achtzehn und hatte gerade den Führerschein gemacht, als Großvater Will einen Schlaganfall erlitt. An einem Frühsommertag kam Krister von der Schule zurück und Großvater war fort. Die Putzfrau hatte ihn bewusstlos im Flur gefunden und sofort den Notarzt verständigt.

Atemlos und mit weichen Knien hetzte Krister ins Krankenhaus. Sie hatten William Jensen auf die Intensivstation gebracht und an jede Menge Schläuche angeschlossen. Er sah schlimm aus. Sein Gesicht glich einer Maske aus Wachs, sein Mund war verzerrt. Speichel lief aus seinem linken Mundwinkel.

Der Schrecken bohrte sich wie eine gepanzerte Faust in Kristers Magengrube. Er setzte sich auf die Bettkante und nahm Großvaters Hand. Sie fühlte sich kalt und schlaff an; doch als er: »Hi, Großvater!« sagte, glaubte er einen schwachen Gegendruck zu spüren, so als hätte der Bewusstlose ihn gehört, als wollte er antworten: Gut, dass du da bist, Junge. Ich habe auf dich gewartet.

Krister weinte. Die Tränen liefen ihm nur so übers Gesicht und er kämpfte nicht dagegen an. Du darfst nicht sterben!, ging es ihm unablässig durch den Sinn. Ich brauch dich doch! Ich hab nur dich! Bleib bei mir, Großvater …

Da begann die schlaffe Hand in der seinen zu zucken. Will Jensens Augenlider flatterten leicht, seine Lippen versuchten Worte zu formen.

Krister beugte sich über ihn. Großvater schien zu träumen. Seine Lider schlossen sich wieder. Jetzt entspannte sich sein Gesicht, wurde friedlicher, und Krister glaubte zu verstehen, was der verzerrte Mund stammelte.

Es waren zum Teil Worte in dänischer Sprache, denn William Jensen war Däne. Obwohl er nur wenige Jahre seines Lebens in Dänemark, auf der kleinen Füneninsel, verbracht hatte, beherrschte er seine Muttersprache noch immer.

Schon als Fünfjähriger hatte Will an der Hand seiner Mutter den heimatlichen Hof verlassen, aber er erinnerte sich an erstaunlich vieles; vor allem an den Duft der Weizenfelder.

»Das war der Geruch des Sommers«, hatte er oft erzählt. »Die ganze Insel roch danach, von Vorbjerg bis zur Küste, von den nördlichen Klippen bis zu den sandigen Buchten beim Leuchtturm.«

Er war stolz darauf, Däne zu sein, Abkömmling einer alten Seefahrernation. Auch Krister war sich bewusst, dass er skandinavische Vorfahren hatte. Er sah es, wenn er in den Spiegel schaute. Wie Großvater behauptete, ähnelte Krister seinem Ururgroßvater, der Bauer auf einem Hof namens Gråstensgaard gewesen war.

»Er starb, als ich vier war, aber ich hab ihn nicht vergessen«, erzählte Will Jensen einmal. »Ein Hüne von einem Mann war er, mit kantigem Gesicht und blonden Locken und Augen so blau wie das Meer unter dem Sommerhimmel. Er war der stattlichste Kerl weit und breit, das hat auch meine Mutter, seine Tochter, oft gesagt.«

Seit der Scheidung seiner Eltern lebte Krister bei seinem Vater und Großvater Will. Seine Mutter hatte wieder geheiratet und war nach Wien gezogen. Krister hatte die Trennung seiner Eltern recht gelassen hingenommen. Schon als Kind hatte er sich vor allem an seinen Großvater gebunden gefühlt, der immer für ihn da gewesen war, während seine Eltern ganz in ihrer Arbeit und ihren Reisen aufgingen. Da traf es sich gut, dass William Jensen, der früh Witwer geworden war, sich bereit fand, ihm Vater und Mutter zu ersetzen.

Krister ahnte, dass sein Großvater sich ein Leben lang auf die Insel seiner Kindheit zurückgesehnt hatte. Und doch war er nie wieder dort gewesen. Er reiste nach Schottland und Irland, in die Bretagne und nach Island, nie aber nach Dänemark.

»Da, wo ich herkomme, ist kein Platz mehr für mich«, sagte er manchmal. »Sie wollten uns nicht länger auf dem Hof haben, meine Mutter und mich. So hab ich im ganzen Leben nicht mehr geheult wie in der Nacht, ehe wir von zu Hause fortgingen, hinunter zum Fährhafen, nur mit einem Seesack und einem alten Lederkoffer.«

Auch Krister konnte ein paar Brocken Dänisch, das, was sein Großvater ihm beigebracht hatte.

»Hvede …«, flüsterte Will Jensen jetzt und drehte den Kopf unruhig in den Kissen des Krankenhausbetts. »Kannst du's riechen? Hörst du das Meer?«

Und dann formten seine Lippen das Wort »Heste«, immer wieder, bis seine Stimme schwach und undeutlich wurde.

Krister kannte das Wort, doch er kam nicht darauf, was es bedeutete. Erst auf dem Nachhauseweg fiel es ihm ein. Heste war das dänische Wort für Pferde.

Der Arzt hatte ihm geraten, erst morgen wiederzukommen. »Bis dahin ist Ihr Großvater wohl wieder bei Bewusstsein«, sagte er und fügte hinzu: »Wenn alles gut verläuft.« Doch Krister hielt es nicht aus zu Hause. Am späten Nachmittag fuhr er noch einmal mit dem Rad ins Krankenhaus, und als er die Tür zu dem Zimmer aufmachte, in dem Will Jensen lag, hatte dieser die Augen geöffnet und sah ihm entgegen.

»Bin dem Tod noch mal von der Schippe gesprungen«, murmelte er und versuchte zu lächeln.

Er sprach noch immer mühsam und undeutlich. Offenbar hatte sein Sprachzentrum durch den Schlaganfall gelitten, aber die Stationsschwester, die während der Abendstunden mehrmals auftauchte, meinte, das könne durchaus wieder ganz in Ordnung kommen.

»Wir haben viele Schlaganfallpatienten, die wochenlang kein vernünftiges Wort herausbekamen und heute wieder wie gedruckt reden«, behauptete sie munter.

In dieser Nacht fasste Krister den Entschluss, mit Großvater Will auf die Insel seiner Kindheit zu fahren. In sechs Wochen sind Ferien, dachte er. Bis dahin ist er hoffentlich wieder fit. Vater muss uns sein Auto leihen. Dann tuckern wir hoch bis Dänemark und nehmen in Sønderborg die Fähre.

»Du bist wohl verrückt geworden, Junge!«, sagte Will Jensen drei Tage später stammelnd, aber in seinen Augen tauchte für den Bruchteil einer Sekunde das alte Funkeln auf. »Da bringen mich keine zehn Pferde hin, das hab ich dir doch schon tausendmal gesagt!«

Sie starteten an einem Montag, gleich zu Beginn der Ferien. Die Strecke war verteufelt weit, ein unerwarteter Stress für einen Anfänger wie Krister. Und Großvater Will weigerte sich, ihn am Steuer abzulösen.

»Du hast uns die Suppe eingebrockt, jetzt löffle sie auch gefälligst allein aus«, sagte er.

Krister glaubte, dass er sich das Fahren wohl einfach nicht mehr zutraute, dass er fürchtete, ohne Vorwarnung bewusstlos über dem Lenkrad zusammenzusinken. Will Jensen war verändert, seit man ihn aus der Klinik entlassen hatte. Er konnte wieder normal sprechen, doch er war wortkarger geworden, grüblerischer. Stundenlang konnte er stumm irgendwo sitzen, ohne sich zu bewegen.

Sie übernachteten auf halbem Weg in einer Pension nahe der Autobahn. Früh am nächsten Morgen fuhren sie wieder los und erreichten die Mittagsfähre in Sønderborg, unweit der deutsch-dänischen Grenze. Krister brach der Schweiß aus, als er den Wagen fast millimetergenau zwischen die anderen Fahrzeuge in den Schiffsleib steuern musste, doch er schaffte es.

Während der Überfahrt sprach Großvater kein Wort. Er stand auf dem Passagierdeck und sah übers Wasser, seine silberblonden Haare wehten im Seewind. Krister, der neben ihm an der Reling lehnte, spürte die Spannung, die den alten Mann erfüllte. Sie war so stark, dass sie sich auf ihn übertrug.

Am frühen Nachmittag erreichten sie die Insel. Sie war schmal und lang gestreckt, mit zerklüfteten Buchten, flach und grün und golden wie ein Teppich aus Samtflicken.

In einer langen Schlange von Fahrzeugen fuhren sie aus dem Wagendeck des Fährschiffs an Land. Krister hatte die Scheibe heruntergekurbelt. Der Duft der Weizenfelder mischte sich mit dem Geruch nach Salzwasser, Öl und Tang. Um sie herum war der Hafen voller Kutter und Segelschiffe, Menschen und Autos.

»Wohin jetzt?«, fragte Krister.

»Nach links«, sagte Großvater. Seine Stimme klang belegt. »Nimm die erste Abzweigung nach links, Junge.«

Obwohl Will Jensen erst fünf gewesen war, als er von zu Hause fortging, schien er sich doch noch gut in dem kleinen Hafenort auszukennen. Sie fanden den »Kro« auf Anhieb, einen alten Gasthof, der zugleich Hotel war; ein Backsteinhaus mit Butzenscheiben und schwarzen Fachwerkbalken.

»Du kannst das Gepäck doch allein reinbringen?«, fragte Großvater. »Ich geh erst mal spazieren.«

Krister begriff, dass er allein sein wollte, wenn er die Insel seiner Kindheit wieder sah. Er trug die Koffer in die Hotelhalle, einen niedrigen, holzgetäfelten Raum. Während er darauf wartete, dass jemand kam, sah er sich die Bilder an, die die Wände bedeckten. Sie zeigten vor allem Segelschiffe in allen Größen, doch dazwischen gab es auch eine Landkarte der Insel aus dem sechzehnten Jahrhundert, auf der Dörfer und Höfe eingezeichnet waren. Gråstensgaard war einer davon. Das Gut lag am südlichen Ende der Insel, nicht weit von einer Landzunge entfernt, die Dunkær hieß.

Krister rechnete nach. Dreihundertfünfzig Jahre, so alt war der Hof, von dem Großvater kam, vielleicht auch älter. Seltsam zu wissen, dass seine Familie schon so lange hier lebte, Menschen, die ihm glichen, die ähnliche Erbanlagen hatten, eine uralte Sippe, die sich möglicherweise schon zur Zeit der Wikinger auf dieser Insel angesiedelt hatte.

Will Jensen war stumm wie ein Fisch, als er zwei Stunden später zurückkam. Sie aßen in der alten Gaststube zu Abend; es gab geräucherten Seefisch, Kartoffelsalat und dazu kräftiges dänisches Bier.

Krister fragte seinen Großvater nicht, wo er gewesen war. Er würde es ihm schon noch von selbst erzählen, später irgendwann, wenn er wollte; wenn nicht, war sowieso kein Wort aus ihm herauszubringen.

»Sollen wir erst mal ein Stück über die Insel fahren?«, schlug Krister vor. Sie wussten beide, was er eigentlich damit meinte und nicht aussprach: nach Gråstensgaard. Doch Will Jensen schüttelte den Kopf.

»Für heute bist du genug gefahren«, sagte er. »Und ich bin müde.«

Sie gingen früh schlafen. Auch Krister fühlte sich ausgepumpt wie nach einem Marathonlauf. Kaum hatte sein Kopf das Kissen berührt, schlief er ein und träumte von Pferden. Sie galoppierten über den Strand, frei und wild, eine Herde weißer und schwarzer Pferde. Der Wind ließ ihre Mähnen und Schweife flattern wie Segel und der Sandboden vibrierte unter ihren Hufen.

Großvater war schon im Badezimmer, als Krister aufwachte. Er stieg aus dem Bett, ging ans Fenster und sah hinaus. Die Küste und das Meer lagen im Dunst. Möwen schrien, es klang wie Gelächter. Eine Schiffssirene tutete.

»Das ist die Sieben-Uhr-dreißig-Fähre«, sagte Will Jensen hinter ihm.

Sie saßen lange beim Frühstück. Endlich fragte Krister: »Und? Was machen wir heute? Willst du nach Gråstensgaard?«

Großvater zerkrümelte sein Weißbrot. Er war bei der

vierten Tasse Kaffee angelangt. Sein Gesicht verriet, dass er Angst hatte.

»Ich weiß nicht«, murmelte er. »Lass uns erst mal ... wir wollen uns erst ein bisschen umsehen.«

Dann aber kamen sie auf ihrer Fahrt an der Küste entlang zu einer Umleitung und landeten auf einer Seitenstraße, die durch ein Dorf mit Fachwerkhöfen und einer weiß gekalkten Kirche direkt zur Landzunge von Dunkær führte. Großvater Will schaute starr durch die Windschutzscheibe und sagte leise: »Dort drüben liegt er, auf der Anhöhe über den Feldern.«

Gråstensgaard bestand aus einem lang gestreckten Wohnhaus und zwei Nebengebäuden. Mitten auf dem Hofplatz wuchs ein riesiger Walnussbaum. Das Dach des Wohnhauses war noch mit Reet gedeckt, die Fensterrahmen waren grau-blau gestrichen. Zur Eingangstür, die ebenfalls blau war, führten vier Stufen.

Sie hielten am Straßenrand. »Und jetzt?«, fragte Krister.

»Jetzt, wo wir schon mal hier sind, können wir ebenso gut hineingehen und es hinter uns bringen.«

Später dachte Krister noch oft an das seltsame Prickeln, das ihn erfüllte, als sie in den dämmrigen Hausflur traten und den Geruch nach Pferden, altem Holz, Bohnerwachs und frisch gebackenem Kuchen einatmeten. Die dunklen Eichenbalken an der Decke, die Nischen in den Wänden – das alles kam ihm bekannt vor, als hätte er es schon einmal gesehen. Hatte Großvater ihm das Innere des alten Hauses beschrieben, als er noch sehr klein gewesen war?

Er wusste es nicht mehr, aber das Gefühl von Vertrautheit wuchs, während sie an eine mit Schnitzereien verzierte Tür klopften und in die Stube mit den vielen kleinen Fenstern traten. Krister musste den Kopf einziehen, so niedrig war die Holzdecke.

Eine Frau kam ihnen entgegen. Sie war blond und kräftig, mit breiten Schultern und hohen Wangenknochen. Lächelnd wischte sie sich die Hände an ihrer blauen Arbeitshose ab.

»Ich bin William Jensen«, sagte Großvater. Seine Stimme klang jetzt ruhig und fest. »Und das ist Krister, mein Enkel. Ich bin hier geboren, hier auf Gråstensgaard. Meine Mutter war Karen, die Tochter von Mads und Synne Jensen.«

Die Frau starrte ihn an. »Herr im Himmel!«, erwiderte sie. Das war alles, was Krister verstand. Dann folgte ein Wortschwall in dänischer Sprache. Sie schüttelte Großvater lange die Hand. Krister stand etwas abseits und sah zu, verwirrt, als wäre er in ein Theaterstück geraten.

»Setzt euch doch«, sagte die Frau schließlich. Das war einfach, das verstand er. Sie nahmen auf dem Sofa Platz, das aussah wie in einem Sketch von Loriot, und dann redeten Großvater und die blonde Bäuerin wieder auf einander ein, schnell und aufgeregt.

Krister sah sich um. Dunkle Ölbilder hingen an den

Wänden, eine Uhr tickte schwer. Blühende Pflanzen in Übertöpfen standen auf den Fensterbrettern, dazwischen Porzellanfiguren und Vasen. Im Hintergrund gab es einen schwarzen Kaminofen, davor einen Ohrenbackensessel, mit Leder bezogen.

Er überlegte, ob die kräftige blonde Frau eine Tante von ihm war oder vielleicht eine Kusine oder Großtante. Doch er vergaß es im gleichen Augenblick wieder, als Vibe die alte Stube betrat.

Eines war ihm klar: Nie würde er vergessen, wie er sie da zum ersten Mal sah, das goldbraune Haar nachlässig hochgesteckt, eine glatte, seidige Strähne über dem linken Auge; ihr Gesicht mit dem vollen Mund, der kurzen Nase, den warmen honigfarbenen Augen unter den geraden Brauen. Eine Welle von Energie und Lebensfreude ging von ihr aus. Nie zuvor war ihm ein Mädchen wie sie begegnet.

Sie fanden nicht heraus, auf welche Weise sie miteinander verwandt waren, weder an diesem ersten Tag noch später. Also beschlossen sie, dass sie »Cousins fünfundzwanzigsten Grades« waren und dass gleiches Blut in ihren Adern floss, ein ganzer Eimer voll, denn sie verstanden sich auf Anhieb, trotz des deutsch-dänischen Kauderwelschs, mit dem sie sich verständigen mussten. Es war, als hätten sie sich immer schon gekannt, als bestünde ein geheimes Einvernehmen zwischen ihnen.

»Ihr wohnt natürlich bei uns«, sagte die blonde Frau, die Vibes Mutter war. »Heute noch holt ihr eure Sachen aus dem ›Kro‹. Ihr bekommt die gute Stube droben im Giebel.«

Großvater Will war glücklich. Er wanderte durchs Haus und ließ seine Hände über die alten Möbelstücke und das Treppengeländer gleiten, über die geschwärzten Eichenbalken und die Schnitzereien in den Türfüllungen.

Ein anderer, weit entfernter Zweig seiner Familie lebte nun hier, denn die Jensens von Gråstensgaard waren ausgestorben. Großvater Wills Onkel, der seine Schwester – Großvaters Mutter – einst mitsamt ihrem unehelichen Sohn vom Hof vertrieben hatte, wer selbst kinderlos geblieben und früh gestorben. Seine Frau hatte nicht wieder geheiratet. So war das Anwesen an einen weitläufigen Verwandten aus dem Westen der Insel gefallen, dessen Enkelin Vibeke war.

»Eigentlich hätte der Hof ja deinem Großvater gehört«, sagte Vibe zu Krister. »Aber uneheliche Kinder waren früher wohl nicht erbberechtigt. Außerdem hat sich weder dein Großvater noch deine Urgroßmutter je wieder gemeldet. Keiner kannte ihre Adresse.«

»Es ist schon recht so, wie es ist«, meinte Will Jensen. »Das Schicksal hat es so gewollt. Und der Hof ist bei euch in guten Händen.«

Gråstensgaard war ein großes, gepflegtes Gut mit weitläufigem Grundbesitz bis hinunter ans Meer. Im Stall standen vier Pferde, ein Rappen und drei Schimmel. Pferde hatte es auf Gråstensgaard immer gegeben, sagte

Großvater, auch zu seiner Zeit; doch damals waren sie noch zur Arbeit eingesetzt worden. Heute gab es für alles Maschinen, man brauchte keine Pferde mehr in der Landwirtschaft.

»Unsere Pferde, die sind etwas fürs Herz und fürs Gemüt«, erklärte Laurits Madsen, Vibes Vater. Sie waren beide total pferdenärrisch, er und Vibe. Die drei Schimmelstuten und der schwarze Wallach durften auf den üppigen Weiden grasen, die andere Bauern genutzt hätten, um gute Milcherträge mit ihren Kühen zu erzielen. Schon früh am ersten Morgen hörte Krister das helle, klingende Klippklopp der Pferdehufe auf dem Steinpflaster des Hofplatzes.

»Liegst du noch im Bett, du Schlafhut?«, rief Vibe lachend zu ihm herauf, als er sich aus dem Fenster beugte. Sie hatte zwei von den Schimmelstuten am Halfter und führte sie hinaus auf die Koppel.

Vibe sprach gebrochen Deutsch; es war neben Englisch Pflichtfach an ihrer Schule. Zwischendurch kam eine unfreiwillig komische Wortschöpfung wie diese: Schlafhut.

»Komm lieber runter und hilf mir!«

Da steckte Krister den Kopf unter den Kaltwasserhahn, fuhr in seine Jeansshorts und rannte die ausgetretene Holztreppe hinunter.

Bald verbrachten sie jeden Tag zusammen. Während Großvater Will im Liegestuhl hinterm Haus lag, im Schatten der Obstbäume, unter denen er schon als Kind gespielt hatte – einfach nur zufrieden, hier zu sein, wie einer, der nach langer Wanderung endlich ans Ziel gekommen ist – waren Krister und Vibe vom Sonnenaufgang bis zur Schlafenszeit unzertrennlich. Sie radelten zum Strand und badeten im kalten, klaren Wasser an einsamen Buchten; sie arbeiteten gemeinsam im Stall, besichtigten das Inselmuseum im Städtchen, das aussah wie eine Illustration zu einem Märchen von Andersen, ruderten mit dem Boot an der Küste entlang und sahen sich die Wikingergräber und Runensteine über den Klippen an.

Vibe setzt Krister auf den Wallach Trold, der gutmütig wie ein Teddybär war. Anfangs sträubte sich Krister noch dagegen, denn er hatte keine Ahnung vom Reiten. Doch nachdem er die erste Angst überwunden hatte, merkte er, dass es ein unvergleichliches Gefühl war, sich auf Trolds breitem Rücken durch die Landschaft tragen zu lassen und von hoch oben aufs Meer zu schauen, wo Segelschiffe ihre glitzernden Bahnen zogen; ein Gefühl, abzuheben und frei zu sein wie ein Seevogel. So ritten sie im Sommerwind über die Insel, Krister auf Trold und Vibe auf ihrer Schimmelstute Fjer, zwischen reifenden Kornfeldern und über Klippenpfade, vorbei an Fachwerkhöfen, Windmühlen, Fischerhäusern mit blühenden Malven und Wiesen, auf denen Schafe mit dicken Köpfen grasten.

»Zu zweit macht das Leben viel mehr S-sspaß, du«, sagte Vibe. Sie hatte eine witzige Art, bestimmte deutsche Wörter auszusprechen.

Ja, zu zweit machte alles mehr Spaß. Es war eine neue Erfahrung für Krister. Sie waren ja beide Einzelkinder, gewöhnt, viele Dinge allein zu erleben und mit sich abzumachen, schöne wie schwierige. Doch dann wurde Krister eines Nachts klar, dass es einfach Vibe war, mit der es ihm so gut ging, nicht irgendein x-beliebiges Mädchen, und dass sie nicht nur eine Lücke in seinem Leben ausfüllte.

»Die Vibeke, das ist ein Mädchen!«, sagte auch Großvater. »Eine wie sie muss man lange suchen. Gradlinig und mutig und klar wie Quellwasser.«

Nach einer Woche wusste Krister, dass er sich bis weit über die Halskrause in Vibe verliebt hatte. Doch er sagte ihr nichts davon, denn er dachte, er wäre wie ein Bruder für sie, und wollte das Vertrauen zwischen ihnen nicht aufs Spiel setzen.

Nicht einmal mit Großvater Will redete er darüber. Krister war früher schon verliebt gewesen, dreimal vielleicht, er erinnerte sich nicht mehr so genau. Das mit Vibe war anders, es ließ sich mit nichts vergleichen, was er je zuvor empfunden hatte. Alles an ihr erschien ihm wunderbar und einmalig – ihre Stimme, ihre Bewegungen, die Ansichten, die sie vertrat; ihre schmalen und doch kräftigen Hände, ihr klares Gesicht mit der samtigen, gebräunten Haut, ihre Liebe zu allem, was wuchs. Eigentlich schien ihr ihr Aussehen nicht besonders wichtig zu sein und doch hatte sie eine Art natürliche Schönheit, ein Strahlen, das von innen zu kommen schien, so als wäre sie ein junger Baum, der seine Kraft und Anmut aus den Wurzeln und der Erde holt.

Zum ersten Mal erlebte Krister auch, dass man zugleich glücklich und traurig sein kann. Denn schon neigte sich der Inselsommer dem Ende zu. In zehn Tagen sollte sein Vater von einer Reise nach Kanada zurückkehren. Krister hatte versprochen, dass der Wagen dann wieder ohne einen Kratzer und frisch aufgetankt in der Garage stehen würde.

Noch erwähnte keiner die Abreise. Vibe nicht, auch nicht ihre Mutter oder Laurits, ihr Vater. Nur Großvater sagte eines Abends vor dem Schlafengehen: »Wir sollten rechtzeitig einen Platz auf der Fähre buchen, nicht erst in letzter Minute. Der Rückreiseverkehr hat schon begonnen.«

»Aber wir haben doch noch fast eine Woche!«, murmelte Krister.

»Wenn du erst mal in meinem Alter bist, wirst du wissen, dass eine Woche kaum mehr ist als ein Augenblick«, erwiderte Großvater Will mit wehmütigem Lächeln.

Auch er fürchtete den Abschied. Vielleicht fragte er sich, ob er je wieder hierher zurückkehren würde, ob er noch lange genug leben würde, um die Insel noch einmal zu sehen.

»Es ist gut, dass du mich hergebracht hast«, sagte er zu Krister. »Dafür kann ich dir nicht genug danken. Du ahnst nicht, was für ein Geschenk du mir damit gemacht hast.«

In dieser letzten Woche fuhren Will Jensen und Vibes Eltern auf eine der Nachbarinseln, um Verwandte zu besuchen. Vibe sagte, sie hätte keine Lust, den ganzen Tag bei diesen alten Sssstinkssstiefeln herumzuhängen. Da war es selbstverständlich, dass auch Krister zurückblieb, denn ein Tag ohne Vibe war ein verlorener Tag, und die Zeit war plötzlich kostbar geworden.

»Die letzte Fähre geht nachmittags um fünf, das ist zu knapp«, sagte Vibes Vater. »Wir bleiben über Nacht und kommen dann morgen mit der ersten Fähre zurück.«

Es war ein ungewöhnlich schwüler Tag. Schwere Wolkengebirge türmten sich über dem Meer und der Küste. Dazwischen stach die Sonne vom Himmel, sengend wie auf einer südlichen Insel. Vibe und Krister kochten gemeinsam und deckten den Tisch unter dem Walnussbaum. Hier gab es keine Fliegen und Mücken; der strenge Geruch der Walnussblätter hielt sie fern. Zum Nachtisch gab es »Kransekage«, Kranzkuchen, den Vibes Mutter am Vortag gebacken hatte.

Nachmittags lagen sie auf einer Klippe im hohen Gras, unter sich das Meer, das grau-grün war und mit sanftem Schmatzen und Flüstern an den Strand schlug. Vibe fragte Krister nach seinen Zukunftsplänen.

»Erst will ich mal studieren«, sagte er. »Tiermedizin, das hab ich mir immer gewünscht. Aber die Aussichten sind bescheiden. Tierärzte gibt's bei uns schon in Massen, wie alles andere auch. Keine Ahnung, ob ich es je schaffe, eine Praxis aufzumachen und mich damit durchzubringen.«

Seine Stimme verdüsterte sich, doch Vibe beugte sich über ihn, kitzelte ihn mit einem Grashalm an der Nase und erwiderte: »Prima, du, wir haben nur einen Tierarzt auf der Insel und könnten dringend einen zweiten brauchen. Außerdem ist Dr. Sørensen schon steinalt. Studiere mal ganz eilig, und dann kommst du hierher und machst eine Praxis auf und lebst auf der Insel.«

Von einer Minute auf die andere wurde Krister verteufelt froh. »... und dann kommst du hierher und lebst auf der Insel ...«, hatte sie gesagt.

Er lächelte zu ihr auf, erwiderte aber mit seiner üblichen Vorsicht: »Das wär phantastisch, aber womöglich würden sie hier meine Ausbildung nicht anerkennen. Darf man sich in Dänemark als deutscher Tierarzt überhaupt niederlassen?«

Vibe versprach, das herauszufinden. Dann erzählte sie ihm, dass sie später den Hof ihrer Eltern übernehmen wollte. Sie hatte vor, ihn biologisch-dynamisch zu bewirtschaften.

»Kein Kunstdünger mehr auf unserem Land«, sagte sie. »Und keine Schädlingsgifte. Vater meint zwar, dann könnte man gleich einpacken, weil die Erträge so gering sind, dass keiner davon leben kann, aber das glaube ich nicht. Andere schaffen es schließlich auch.«

»Dann gehst du sicher bald auf eine Landwirtschaftsschule?« Krister blinzelte in die gleißende Sonne.

»Nächstes Jahr, wenn alles klappt. Dazu muss ich für ein paar Semester nach Kopenhagen.«

»Wirst du mir schreiben?«, fragte Krister. »Ich meine, nicht erst, wenn du auf der Landwirtschaftsschule bist, sondern überhaupt.«

»Ich hab dich schon versss-tanden.« Vibe kniete noch immer neben ihm und sah mit ihren honigfarbenen Augen auf ihn hinunter. Ihr Gesicht war so nah, dass er die winzigen Schweißperlen auf ihrer Oberlippe sah. Sie roch nach Pferden, nach Seife und Sommerblumen.

»Klar«, sagte sie, »das mach ich. Aber du kommst doch nächsten Sommer wieder?«

Krister nickte. »Total gern, du. Wenn ihr mich wieder hier haben wollt.«

»Auf so was Dummes antworte ich nicht«, sagte Vibe.

Am späten Nachmittag wurde es fast unerträglich schwül. Im Westen zog eine schwarz-violette Wolkenwand auf, in der Blitze zuckten. Es sah schaurig-schön aus wie die Kulisse zu einem Gruselfilm.

»Vielleicht sollten wir die Pferde in den Stall holen«, überlegte Vibe. »Da braut sich was zusammen.«

Dann aber kam starker Wind auf und trieb die Wolken zum Festland hin, weg von der Insel. So ließen sie die Pferde auf der Weide und radelten noch einmal zum Strand, um zu baden.

Der Abend brachte kaum Abkühlung. Sie saßen noch lange im Schein eines Windlichts unter dem Walnussbaum. Der alte Hof lag im Dämmerlicht, breit und behäbig mit seinem Reetdach wie ein pelzumhüllter Troll. Die gewölbten Fensterscheiben glitzerten geheimnisvoll wie Mondsteine.

Es war seltsam, das alles so für sich zu haben, dachte Krister, fast, als wären Vibe und er ein Paar, als gehöre Gråstensgaard ihnen. Er versuchte sich vorzustellen, wie er mit ihr hier lebte, alles mit ihr teilte, doch es gelang ihm nicht. Ständig flüsterte eine Stimme in seinem Kopf dazwischen, die sagte: Das ist unmöglich, es kann nicht sein, alles wird ganz anders kommen …

Vibe kauerte neben ihm auf einem Stuhl, die nackten Füße hochgezogen, das Kinn auf die verschränkten Arme gestützt. Das flackernde Windlicht erhellte ihr Gesicht. Krister dachte, dass er sie so bis zum nächsten Sommer in Erinnerung behalten wollte, nein, für immer.

Sie schalteten weder das Radio noch den Fernseher ein. So versäumten sie auch den Wetterbericht, der Sturmwarnung für das fünische Inselmeer durchgab.

Gegen Mitternacht gingen sie schlafen. Krister kam es vor, als hätte er sich gerade erst im Bett ausgestreckt, da schreckte er von einem bedrohlichen Geräusch hoch. Die Luft war erfüllt von einem Sausen und Krachen, einem Poltern und Johlen, als wäre ein Geisterheer durch sein Zimmer gesprengt.

Sekundenlang lag er da und starrte verwirrt in die Dunkelheit. Ein tutendes Signal durchdrang die Nacht, eindringlich, unheilvoll klagend. Dann drückte ein Windstoß die Fensterflügel auf, dass die Scheiben klirrten.

Krister knipste die Nachttischlampe an. Die Deckenlampe schwang wie verrückt hin und her, der Wind brauste und heulte ums Haus. Draußen ächzte der Walnussbaum. Er hatte sich nie vor Gewittern gefürchtet, doch jetzt klopfte sein Herz wild wie in Erwartung von etwas Übermächtigem, Unabwendbarem.

Er war noch nicht richtig aus dem Bett, da rüttelte jemand an seiner Tür. Vibe streckte den Kopf ins Zimmer.

»Kommst du?«, sagte sie nur. »Mach schnell, wir müssen die Pferde holen!«

Draußen empfing sie der Wind. Die Böen kamen zeitweise mit solcher Gewalt, dass es schwierig war, sich auf den Beinen zu halten. Sie fegten über die Insel, seufzend und johlend, brachen sich mit wütendem Getöse an den Hauswänden, zerrten an Vibe und Krister wie böse Geister. Und dazu dieses Brüllen im Hintergrund – ob es Donner war oder das Meer, das sich gegen die Küste warf, konnte Krister nicht entscheiden.

Die Nacht war stockfinster, doch Vibe hatte eine Taschenlampe dabei. Sie rasten über die Straße und den Pfad zu den Koppeln hinunter, Vibe voran; der Schein ihrer Lampe durchschnitt wie ein dünner Faden die Dunkelheit. In regelmäßigen Abständen zuckte auch der Strahl des Leuchtturms durch die Nacht, erhellte den schwarzen Himmel, die windgepeitschten Bäume, den Klippenpfad.

Geduckt stolperte Krister hinter Vibe drein. In der Eile

hatte er sich nicht die Zeit genommen, Schuhe anzuziehen, und spitze Steine bohrten sich in seine Fußsohlen. Jetzt hörte er das Meer. Es heulte und brauste und peitschte mit dem Wind. Heu und Blätter und Zweige flogen ihnen um die Ohren, streiften ihre Gesichter, verfingen sich in ihren Haaren. Und immer wieder stemmte sich der Sturmwind gegen sie; es war, als kämpften sie gegen einen unsichtbaren Feind.

Dann wurde ihnen das verängstigte Gewieher der Pferde vom Wind zugetragen. Im Lichtstrahl des Leuchtturms sahen sie sie für den Bruchteil einer Sekunde im Galopp hinter dem Koppelzaun auftauchen und verschwinden.

»Geh zur Seite!«, schrie Vibe. »Ich öffne das Gatter! Sie finden selbst nach Hause – nur geh ihnen aus dem Weg …«

Krister sprang nach links und duckte sich im Schutz der Hecke. Schon kamen die Pferde dahergesprengt, wild und unaufhaltsam wie der Sturm selbst. Er hörte den Aufprall ihrer Hufe auf dem steinigen Pfad, ihr erregtes Schnauben und Wiehern, und dachte: Wo hab ich das nur schon einmal erlebt? Woher kenne ich das?

Jetzt waren sie vorbei und den Hügel hinauf. Das Meer toste tief unter ihnen. Krister schmeckte die salzige Gischt auf seinen Lippen, sie wurde über die Klippen hochgesprüht und mit dem Wind fortgetragen.

»Weiter«, rief Vibe dicht an seinem Ohr. »Los jetzt, nichts wie nach Hause, das kommt noch schlimmer!«

Sie fasste seine Hand und zog ihn mit sich.

Die Pferde standen bereits im Stall, als sie Gråstensgaard erreichten, denn Vibe hatte das Tor offen gelassen. Sie versuchten es zu schließen, stemmten sich gemeinsam mit aller Kraft gegen den Wind, der den mächtigen Torflügel immer wieder aufdrückte.

Endlich war der Stall verschlossen, der Sturm ausgesperrt. Sie lehnten sich an die Wand, um Atem zu holen. Die Pferde stampften und schnaubten in ihren Boxen. Im schwankenden Lichtschein der Stalllampen sahen sie zu Vibe und Krister herüber, die Augen in Panik weit aufgesperrt, während es um den Hof immer ärger johlte, pfiff und heulte.

Sie gaben Trold, Fjer und den anderen beiden Stuten je eine Hand voll Hafer, um sie zu beruhigen. Vibe streichelte sie, redete sanft und zärtlich mit ihnen, versicherte ihnen, dass sie nichts zu befürchten hätten. Krister aber wagte nicht, die Pferde anzufassen, nicht einmal den gutmütigen Trold. Sie wirkten plötzlich wie Wildpferde, fluchtbereit, hatten die Ohren zurückgelegt; Schweiß glänzte auf ihren Flanken.

Dann erloschen jäh die Stalllampen. »Der Strom ist weg.« Vibes Stimme kam ruhig und sachlich aus der Finsternis. »Das kann lange dauern. Wo ist die Taschenlampe?«

»Die haben wir irgendwo hingelegt, als wir versuchten das Tor zu schließen.«

»Na prima«, sagte Vibe. »Wo bist du? Ich finde mich

schon zurecht, aber rühr dich nicht von der Stelle, ehe ich bei dir bin!«

Die Pferde stampften wild in ihren Boxen. Eines wieherte schrill, ein zweites antwortete. Jetzt spürte Krister Vibes Hand, die nach seiner Schulter tastete. Für einen Moment schloss er die Augen.

»Bist du das?«, fragte sie.

»Nein«, sagte Krister. »Nur mein schlotternder Geist.«

Doch Vibe lachte nicht. »Du musst nicht schlottern«, erwiderte sie. »Hier sind wir sicher. Dieses Haus hat schon schlimmere Stürme überstanden. Hat Großvater Will es dir nicht erzählt? Im siebzehnten Jahrhundert gab's auf der Insel eine große Sturmflut. Über die Hälfte der Häuser wurde weggespült, aber Gråstensgaard blieb stehen. Damals hatten sie hier auch Pferde im Stall. Es heißt, sie hätten sie irgendwie nach oben gebracht, die Treppe hinauf, bis unter den Giebel. Alle Hausbewohner haben überlebt, auch die Pferde.«

Hand in Hand tasteten sie sich durch die Finsternis. Nur manchmal, wenn der Strahl des Leuchtturms über diesen Teil der Insel huschte, erhellten sich für einen kurzen Augenblick die Fenster.

Vibe führte Krister über die Stufen nach oben und er folgte dem Druck ihrer kräftigen Hand. Dann standen sie in der alten Stube beim flackernden Schein der Kerzen am Fenster und sahen in die Sturmnacht hinaus, noch immer Hand in Hand – wie Kinder, die sich in einer

Gefahr gegenseitig trösten und stützen wollen, dachte Krister – oder wie Verliebte.

Der Sturm schien weiter an Stärke zuzunehmen, wie Vibe vorausgesagt hatte. Sie fanden eine zweite Taschenlampe und gingen später noch durchs Haus, um nachzusehen, ob alle Türen und Fenster verschlossen waren, und über die Hintertreppe in den Stall. Die Pferde wirkten jetzt ruhiger, als hätten sie sich an das Sturmgeheul gewöhnt oder sich damit abgefunden.

Oben merkte man, wie das Haus unter dem Anprall jeder Windbö erzitterte. Es knackte in den alten Balken und heulte in den Kaminen. Krister überlegte, wie lange es noch dauern würde, bis das Reetdach mitsamt den Balken abheben und davonfliegen würde, aufs Meer hinaus; und was würde dann mit dem Rest des Hauses passieren? Doch er war zu müde, um es sich auszumalen. Er saß neben Vibe auf dem steiflehnigen Sofa, seine Schulter dicht an der ihren, und sie warteten schweigend.

Krister wusste nicht, ob er wach war oder träumte. Wieder sah er Pferde durch den Sturm galoppieren, weiße und schwarze; er hörte die Flut kommen, sah sie flüchten, zum Hof hinauf, sah sich selbst, wie er auf dem Rücken eines Rappen ritt. Und sie erreichten den Stall, ehe die ersten Brecher den Hügel überspülten und ums Haus gischteten, dunkel und brüllend, unentrinnbar …

Er fuhr hoch und spürte Vibes Hand auf seinem Arm.

»Bist du eingeschlafen? Hast du schlecht geträumt?«, fragte sie.

Krister nickte und erzählte ihr von seinem Traum. Sie sagte nichts dazu, aber er merkte, wie sie ihn im Schein der Kerzen seltsam von der Seite ansah.

»Einer deiner Vorfahren muss dabei gewesen sein damals bei der großen Sturmflut«, murmelte sie nur. Und noch ehe er darüber nachdenken konnte, fügte sie hinzu: »Ich hoffe, sie sind in Ordnung drüben auf Drejø.«

»Sollten wir nicht mal versuchen, sie anzurufen?« Krister wusste im gleichen Augenblick, in dem er es aussprach, dass er Unsinn redete.

Vibe lachte leise. »Bei diesem Sturm funktioniert auf ganz Südfünen kein einziges Telefon, du«, sagte sie.

Schließlich war sie es, die einschlief. Sie hatte den Kopf an seine Schulter gelegt und ihr weiches Haar streifte seine Lippen. Ihr Atem ging sacht und regelmäßig. Krister bewegte sich nicht. Er wollte Vibe nicht wecken, obwohl sein Arm langsam taub wurde. Draußen wurden die Abstände zwischen den Böen länger, die Wucht ihres Anpralls ließ nach. Nur manchmal kam noch ein seufzender Windstoß übers Meer gefegt.

In der Morgendämmerung, als Vibe aufwachte, hatte sich der Sturm gelegt.

Fünf Tage später stand Vibe mit Großvater am Hafen, während Krister sich mit dem Wagen in die Schlange der Fahrzeuge einreihte, die auf die Fähre zum Festland warteten.

Noch war das Fährschiff nicht in Sicht. Will Jensen

wanderte am Kai entlang und verschwand hinter dem Heck eines rostigen Kutters. Vibe und Krister folgten ihm mit den Blicken.

»Er will allein sein«, sagte Krister. »Ich glaube, der Abschied fällt ihm verdammt schwer.«

»Und was ist mit dir?«, fragte Vibe.

Sie schlenderten zur Mole, wo die Segelboote vertäut lagen. Eine Weile schwieg Krister, dann wandte er ihr das Gesicht zu und erwiderte fast heftig: »Das weißt du doch! Du weißt, dass ich am liebsten hier bleiben würde. Ich wollte, ich müsste nicht fort!«

»Das ist, weil du hierher gehörst. Du gehörst auf die Insel«, sagte Vibe.

Die Antwort fiel ihm nicht leicht, aber es war die Wahrheit und jetzt musste sie heraus. »Es ist auch deinetwegen.« Er wich ihrem Blick aus und spähte über die Segelboote, die sich sacht auf dem trüben Wasser wiegten.

Jetzt kam Großvater vom Hafenkontor her auf sie zu. Die ersten Personenwagen holperten über die Schiffsrampe. Vibe hob die Arme und schlang sie um Kristers Hals.

»Farvel, *Elskede*«, sagte sie. »Komm wieder!«

Krister küsste sie auf den Mundwinkel. Ihre Lippen streiften die seinen, ganz leicht nur, aber es war wie ein Versprechen.

Lange noch sah er sie am Hafen stehen und winken, eine schlanke Gestalt, die kleiner und kleiner wurde. Er lehnte an der Reling. Die Gischt schäumte um den Schiffsleib und sprühte ihm ins Gesicht, aber er wusste, dass seine Augen nicht nur vom Meerwasser nass waren.

Als von der Insel nichts mehr zu sehen war, ging Krister in den verräucherten kleinen Salon, in dem Großvater am Fenster saß und ein Bier trank. Der Rucksack mit dem dänischen Wörterbuch war irgendwo im Wagen unter dem übrigen Gepäck, aber er musste es sofort wissen, er konnte nicht länger warten. Dass Farvel »Leb wohl« oder »Auf Wiedersehen« hieß, war ihm klar, doch das andere Wort hatte er nie zuvor gehört.

»Großvater«, sagte er, »was bedeutet Elskede?«

Will Jensen sah hoch. Seine Augen wirkten trüb, aber schon tauchte wieder ein Funken des alten Humors in ihnen auf.

»Hat sie das zu dir gesagt? Dann kannst du aber mächtig froh sein, Junge, denn Elskede ist das dänische Wort für Liebster.«

Wiedersehen mit Llwyndaffydd

Jennys Brief kam an einem Freitag im Mai. Ich weiß es noch so genau, weil ich an diesemTag alles gründlich satt hatte: Eine Mathematikprüfung war voll danebengegangen, meine Eltern hatten sich beim Frühstück gestritten und Bengt rief nicht an. Es war einer von diesen Tagen, an denen man nichts Gutes mehr erwartet. Und doch schrieb Jenny, ob ich Lust hätte, sie in den Sommerferien zu besuchen, im Ferienhaus ihrer Familie irgendwo in Wales.

Meine Eltern tauschten skeptische Blicke. Immerhin versprachen sie, sich die Sache durch den Kopf gehen zu lassen. »Du bist schließlich erst sechzehn«, sagten sie. »Und du bist noch nie allein auf Reisen gewesen.«

»Dann wird es langsam Zeit, dass ich es lerne«, erwiderte ich.

Den Ausschlag gab ein Brief von Jennys Eltern an meinen Vater und meine Mutter, in dem sie mich offiziell zu sich einluden. Sie schrieben, sie würden mich in London am Flughafen abholen, und legten Fotos von ihrem walisischen Ferienhaus bei. Es hatte ein Strohdach, war mit

Rosen und Efeu fast zugewachsen und stand am Rand eines Ortes mit dem unaussprechlichen Namen Llwyndaffydd.

»Bring einen Ableger von dieser Pflanze mit«, sagte Vater und deutete auf etwas auf dem Foto, das an der Hausmauer blau blühte; es sah aus wie ein überdimensionales Stiefmütterchen. Mein Vater ist ein Gartenfreak.

»Klar!«, sagte ich. In diesem Augenblick hätte ich ihm alles versprochen, sogar die drei Haare vom Kopf des Teufels.

Zum Glück ahnte mein Vater nicht, dass nicht die Rowlands mich in Heathrow erwarten sollten, sondern Jennys Bruder. Doch es war alles andere als eine romantische Begegnung, denn er war der absolute Antityp eines Verführers: semmelblond und teiggesichtig, mit Blazer und Goldknöpfen und einer Propellerfliege um den Hals. Er benahm sich wie ein Jubelgreis und gab deutlich zu erkennen, dass er etwas Besseres mit seiner Zeit anzufangen wusste, als Schulmädchen herumzukutschieren, die noch nicht trocken hinter den Ohren sind.

Auf dem Bahnhof Victoria Station setzte er mich in einen Bus nach Aberystwyth. Dort wollten Jenny und ihre Eltern mich abholen.

»Fährst du nicht mit nach Llwyn… nach Wales?«, fragte ich ihn.

»Nein danke«, sagte er. »Das Landleben gibt mir

nichts. Ich bin jahrelang jeden Sommer dort gewesen, das reicht für den Rest meines Lebens.«

Trotzdem wünschte er mir als höflicher Brite schöne Ferien, und als er in der Menschenmenge verschwand, erinnerte ich mich, dass Jenny ihren Bruder einen Stockfisch genannt hatte. Ich verglich die beiden miteinander und fragte mich, wie es möglich ist, dass Geschwister so grundverschieden sein können – dieser teiggesichtige junge Greis und Jenny mit ihrer ungebärdigen braunen Haarmähne, den funkelnden dunklen Augen und den raschen, leichten Bewegungen, unstet wie ein kleines Waldtier.

Im letzten Sommer, den wir zusammen in Deutschland verbracht hatten, war sie fröhlich und braun gebrannt gewesen, doch als ich sie nun in der Abenddämmerung von Aberystwyth wieder sah, fiel mir sofort die Blässe ihrer Haut auf. Ihre Augen waren traurig.

Im Auto redete sie kaum ein Wort, saß nur neben mir auf dem Rücksitz und hielt meine Hand, während die Rowlands mich höflich allerhand fragten: nach meinen Eltern, dem Flug, dem Wetter in Deutschland und ob ich müde sei.

Mir wurde der Unterschied zwischen Jenny und ihrem Bruder begreiflicher, als ich die Eltern der beiden nebeneinander sah: Mr Rowland war dunkel und feinknochig wie Jenny, seine Frau derber, mit dem hellen Teint der Rotblonden und einem kühlen, undurchdringlichen Gesichtsausdruck. Ich spürte auch die Spannung, die zwischen den beiden herrschte, obwohl sie sich alle Mühe gaben, normal und unbeschwert zu sein, und mich wie einen lang ersehnten Gast behandelten.

»Meine Eltern wollen sich scheiden lassen«, sagte Jenny, sobald wir das kleine Dachzimmer betraten, das wir in diesem Sommer teilen sollten. »Ich glaube, es ist wegen einer anderen Frau.«

Man vergisst so leicht, dass Eltern auch nur Menschen sind, mit Schwächen, Ängsten und Sorgen, manchmal kaum reifer als wir und auch kaum fähiger, ihre Probleme zu meistern. Ich war selbst erst vor kurzem zu dieser Erkenntnis gekommen und sie hatte mir einigermaßen zugesetzt.

»Nur weil da eine andere Frau ist, muss das noch lange nicht bedeuten, dass sie sich trennen«, sagte ich und sah aus dem winzigen Dachfenster, das von Stroh umrahmt war wie von borstigen Wimpern. In der Ferne weideten Schafe auf unglaublich grünen Wiesen und dahinter war nichts als Himmel und Meer.

Jenny schüttelte den Kopf. »Es ist ernst«, sagte sie. »Das ist der letzte Sommer, den wir hier zusammen verbringen. Ich spür's genau. Sie streiten zwar selten, aber sie sind völlig daneben. Natürlich versuchen sie es vor mir zu verbergen, aber ich bin schließlich nicht auf den Kopf gefallen.«

Jenny und ich hatten unsere eigene Art der Verständigung: Ich sprach deutsch und sie englisch. Damit umgingen wir die schwierigste Klippe, nämlich, in einer fremden Sprache reden zu müssen. Mit dem Verstehen hatten wir kaum Probleme. So erreichten wir mit dem geringsten Aufwand das bestmögliche Ergebnis. Natürlich wären weder mein Englischlehrer noch Jennys Deutschlehrerin damit einverstanden gewesen, aber das störte uns wenig.

Das Haus war wunderbar. Es war wie ein Lebewesen, ein Tier mit einem Fell aus Rosen und Geißblatt, Efeu und Clematisranken und einer Tarnkappe aus Stroh; und es beherbergte nicht nur uns Menschen, sondern auch unzählige Tiere. Tag und Nacht huschte und flatterte und trippelte es – unter den Dielen, im Dach, in den Zwischenböden und der grünen Geborgenheit der verwucherten Hausmauern. Da gab es Mäuse und Siebenschläfer, Schwalben und Spatzen, Ohrwürmer und Spinnen, Tausendfüßler, Hummeln und Wildbienen und Ameisen, die trotz Mrs Rowlands Kampfmaßnahmen unbeirrt immer wieder auf einer genau abgezirkelten Wegstrecke durch die Küche marschierten.

»Keiner weiß genau, wie alt das Haus ist«, sagte Jenny. »Die Leute von Llwyndaffydd behaupten, es wäre das älteste weit und breit. Dad hat es von seiner Großmutter geerbt. Er war schon als Kind jedes Jahr in den Ferien hier.«

Ebenso schön wie das Haus war das Land, das es umgab. Beides gehörte zusammen oder »das Haus war aus der Landschaft entstanden«, wie Jennys Vater einmal sagte. Die Wiesen mit ihren Buckeln und Falten, hingeworfen wie weite Bahnen von grünem Samt, unterbrochen von Steinmäuerchen und Hecken, in denen Vögel sangen, die ich nie zuvor gesehen oder gehört hatte, reichten bis zur Steilküste. Darunter war das Meer, zu wild und rau und ungezähmt, um darin zu baden. Doch Jenny kannte eine Bucht, an der die Felsen ein natürliches Becken bildeten, in dem das Wasser ruhig war und von der Sonne erwärmt wurde. Dorthin ritten wir manchmal bei schönem Wetter und schwammen unsere kurzen Runden, zitternd im scharfen Seewind, wenn wir aus dem Wasser stiegen.

Denn wir durften reiten. Die Nachbarn der Rowlands, eine walisische Bauernfamilie namens Gruffydd, hatten zwei Dartmoorponys, hellblond und zottig, die ihrem Sohn Mervyn gehörten. Mervyn war zu Verwandten nach Amerika gefahren und hatte Jenny gebeten, seine Pferde zu bewegen.

»Mervyn ist wunderbar!«, schwärmte Jenny. »Ich liebe ihn!«

Das hatte sie schon im vergangenen Sommer gesagt. Ich war neugierig darauf, diesen sagenhaften Mervyn endlich kennen zu lernen, doch jetzt war er nicht hier.

Immerhin hatte das für mich den Vorteil, dass ich seine Stute reiten durfte, die Gwagedd Annwn hieß, was etwas mit walisischen Feen zu tun hat. Da ich den Namen nicht aussprechen konnte, nannte ich die Stute einfach nur Ann, und wenn sie in der richtigen Stimmung war, hörte sie sogar darauf.

Jenny ritt besser als ich. Meine Reitkünste reichten gerade für unsere täglichen Ausflüge. Ich war froh, dass Gwagedd Annwn und Idris, der Wallach, so ruhig und behäbig waren, sich nicht durch hoppelnde Kaninchen oder plötzlich hinter Felsen auftauchende Touristen aus der Ruhe bringen ließen und ihre gemächliche Gangart nur selten und ungern mit einem schwerfälligen Galopp vertauschten.

»Sie sind zu dick!«, meinte Jenny missbilligend. »Wenn Mervyn nicht da ist, setzen sie sofort Speck an. Zu viel Futter und zu wenig Bewegung, das ist nicht gut für sie. Und du bist auch nicht gerade die Richtige, um Gwagedd Annwn auf Trab zu bringen.«

Abends wurde es manchmal so kühl, dass Mr Rowland im offenen Kamin des Wohnzimmers Feuer machte. Rowland hatte ein Klavier, das wegen der Feuchtigkeit im Haus unentwegt gestimmt werden musste. Darauf spielte er am liebsten alte walisische Melodien, die mir total unter die Haut gingen; doch damals hätte ich nicht sagen können, warum. Die Musik war mir seltsam vertraut, obwohl ich genau wusste, dass ich sie nie zuvor gehört hatte.

»Elisa hat schon wieder eine Gänsehaut«, sagte Jenny und lachte. »Sie sagt, sie fühlt sich wie verhext, wenn sie deine Musik hört.«

Das war in der zweiten Woche meines Aufenthalts, als wir nach dem Abendessen zusammen im Wohnzimmer saßen; und ich erinnere mich, dass Mr Rowland den

Blick von den Tasten hob und mich ansah, als nähme er mich zum ersten Mal richtig wahr.

Ich spürte, dass ich rot wurde, und wusste nicht, was ich sagen sollte; Jenny aber fuhr leichthin fort: »Vielleicht war sie ja in einem früheren Leben mal Waliserin, wer weiß.«

Und wir lachten alle, doch irgendwie fand ich es nicht komisch. Von da an saß ich öfter still in einer Ecke des Wohnzimmers, wenn Mr Rowland spielte; auch tagsüber, wenn es draußen regnete und Jenny auf dem Bett lag und las oder den Nachbarn bei der Stallarbeit half.

Wir redeten nicht viel miteinander, Mr Rowland und ich. Irgendwie war ich in seiner Gegenwart immer etwas schüchtern, obwohl ich mich seltsam zu ihm hingezogen fühlte – oder vielleicht gerade deshalb. Ich spürte, dass er unglücklich war, ich sah es an seinen Augen und merkte es an der Art, wie er spielte, an den Melodien, die er auswählte. Sie waren alle wehmütig und traurig. Und ich fragte mich, was ihn dazu veranlasst haben mochte, eine Frau wie Mrs Rowland zu heiraten, die so kühl und unnahbar war.

Ich merkte auch, dass er auf Post wartete. Einmal traf ich ihn an der Stelle, wo die Auffahrt in die Landstraße mündete, wie er dem Postboten entgegensah; ein andermal sah ich ihn mit dem Rücken an ein Steinmäuerchen gelehnt dastehen, den Kragen seines Jacketts zum Schutz gegen den Wind hochgeschlagen, und einen Brief lesen.

Jennys Eltern gingen kühl und höflich miteinander

um, fast zu höflich, doch die Spannung zwischen ihnen war deutlich spürbar.

Jenny sagte zu mir: »Wenn sie sich scheiden lassen, möchte ich bei Dad bleiben. Nur wird Ma vielleicht nicht auf mich verzichten wollen; und was ist, wenn er mit dieser Frau zusammenzieht, in die er sich verliebt hat?«

»Kennst du sie?«, fragte ich.

Jenny schüttelte heftig den Kopf. Ihre Augen waren voller Zorn. »Ich hoffe, sie hat einen Unfall und stirbt!«, sagte sie. »Dann könnten wir weiterleben wie bisher!«

Ich glaubte nicht, dass es so einfach war. Jennys Eltern hatten sich offenbar nichts mehr zu sagen; und weshalb, so fragte ich mich, sollten zwei Menschen beisammenbleiben, die sich nicht mehr lieben?

Das Wetter, wie so häufig am Meer ständig wechselnd zwischen Sonnenschein und Regen, verschlechterte sich und über Nacht wurde es stürmisch. Drei Tage lang konnten wir kaum das Haus verlassen. Der Wind fegte mit solcher Gewalt über das Land, dass man sich draußen nur mühsam auf den Beinen halten konnte, und nachts hörte ich die Meereswogen unaufhörlich gegen die Klippen donnern.

In dieser Zeit begannen die Träume.

Anfangs fand ich sie nicht weiter seltsam. Dann aber, als ich drei Nächte hintereinander den gleichen Traum hatte, fing ich an, mir Gedanken zu machen.

Mein Traum begann jedes Mal damit, dass ich eine

Frau auf einem Pferd über die Klippen reiten sah. Ich wusste, diese Frau war ich selbst, obwohl sie größer war als ich und auch einige Jahre älter sein mochte. Sie war dunkel und feingliedrig, mit im Wind wehenden Haaren, und sie trug einen braunen Umhang. Das Pferd, auf dem sie saß, hatte eine silberweiße Mähne und Schaum vor dem Maul, als wäre es schon sehr weit oder zu scharf geritten worden.

Die Frau hieß Eilian; auch das wusste ich. Sie ritt an der Küste entlang und ich war sie und spürte den Wind und die Feuchtigkeit der Gischt auf meiner Haut.

Ihr – oder mein – Ziel war stets das gleiche: ein Platz über dem Meer, von dem aus man auf eine Bucht hinabsah, einen Hafen, in dem Segelschiffe und Fischerboote ausliefen und zurückkehrten. Und während ich dort oben auf dem Rücken des Pferdes mit der weißen Mähne saß, erfüllte mich Verzweiflung; denn das Schiff, auf das ich wartete – auf das wir warteten, mein Pferd und ich –, war nicht gekommen.

Hier endete der Traum stets und ich erwachte mit dem Gefühl, als hinge mein Leben davon ab, dass dieses Schiff zurückkehrte.

»Wieso?«, fragte Jenny, der ich natürlich alles haarklein erzählte. »Was ist mit dem Schiff?«

Ich sagte, ich hätte keine Ahnung, und das stimmte. Jenny meinte, ich hätte vielleicht einmal einen Film gesehen, in dem eine ähnliche Szene vorkam, und wüsste es nur nicht mehr.

»Versuch dich zu erinnern!«, forderte sie mich auf.

Doch ich war sicher, dass mein Traum nichts mit einem Film zu tun hatte. Die einzige Spur, die wir fanden, war der Name der Frau.

»Eilian ist ein alter walisischer Mädchenname«, sagte Jenny. »Ich weiß das, denn irgendwer aus meiner Familie hat mal so geheißen.«

Doch das brachte uns auch nicht weiter. Ich träumte den Traum in vier aufeinander folgenden Nächten. Es war, als hätte ihn der Sturm aus dem Meer gespült und mir zugetragen wie versunkenes Treibgut.

Dann ebbte der Sturm ab und das Wetter besserte sich wieder. Jenny bekam die Erlaubnis von den Gruffydds, die beiden Dartmoorponys auf einen Tagesausflug mitzunehmen, und wir ritten mit einem Picknickbeutel nach Aberaeron, einer kleinen Hafenstadt aus dem letzten Jahrhundert, die sehr hübsch sein sollte.

Es war eine ziemlich weite Strecke an der Küste entlang. Mehr als einmal schlug ich vor umzukehren, doch Jenny blieb hart. »Es ist nicht mehr weit!«, sagte sie jedes Mal. »Nur noch ein kleines Stück.«

Schließlich versuchte ich nicht mehr, sie zum Umkehren zu bewegen, denn ich begriff, dass sie sich Aberaeron nun mal in den Kopf gesetzt hatte. Außerdem wurde ich das seltsame Gefühl nicht los, den Weg zu kennen. Die Art, wie die Steilküste geformt war, wie die Klippen zum Meer hin abfielen, wie das Wasser das Land umspülte und kleine Felseninseln freigab, das alles weckte

Erinnerungen in mir, als sei ich schon einmal, mehrmals, hier gewesen; und doch wusste ich, dass es nicht sein konnte.

Ich sagte nichts davon zu Jenny; es war zu verrückt. Auch als wir schließlich unser Ziel fast erreicht hatten und den Hafen von Aberaeron unter uns liegen sahen, als ich wusste, dass war die Bucht mit den Schiffen aus meinem Traum, sagte ich es ihr nicht.

Es war wirklich verrückt, ja fast unheimlich, wenn ich länger darüber nachdachte; denn woher sollte ich den Küstenweg von Llwyndaffydd nach Aberaeron kennen? Schließlich war ich nie zuvor in meinem Leben in Wales gewesen. Ich konnte nicht aufhören, darüber nachzugrübeln, und nahm mir vor, auf jede Einzelheit zu achten, falls sich mein Traum wiederholen sollte – soweit man sich überhaupt vornehmen kann, sich die Bilder eines Traums im Schlaf einzuprägen.

Doch in den folgenden Nächten blieb der Traum aus. Er entzog sich wie ein Spuk, auf den man wartet, um ihn aufzuklären. Jetzt hätte ich gern mit Jenny über alles gesprochen, aber ihre Gedanken kreisten nur noch um Mervyn, den Wunderbaren, der aus Amerika zurückgekommen war.

Ich fand ihn nett, aber bei weitem nicht so wunderbar, wie ich ihn mir vorgestellt hatte: ein braunhaariger, kräftiger Typ mit blauen Augen und großen Zähnen, der gern lachte. Er duldete Jennys Anbetung, nahm sie jedoch nicht ernst, das merkte ich. Jenny war ihm wohl zu jung. Doch sie hing praktisch nur noch an seinen Rockschößen, verbrachte täglich viele Stunden bei den Gruffydds und schwärmte mir abends im Bett vor, was Mervyn getan und gesagt hatte, bis mir die Ohren summten und die Augen zufielen.

»Ich fürchte, Jenny vernachlässigt dich, seit Mervyn wieder hier ist«, sagte Mr Rowland, als wir uns eines Nachmittags zufällig bei einem Spaziergang trafen. Er war allein wie ich, trug sein pfeffer- und salzfarbenes Tweedjackett und einen schottisch karierten Schal, denn der Wind war kühl und trug schon eine Ahnung des kommenden Herbstes mit sich.

Ich erwiderte: »Das macht nichts. Ich sehe mich auch ganz gern mal allein um. Es ist so schön hier. Ich wollte, ich könnte malen!«

Er sah mich erstaunt an. »Warum versuchst du's nicht einfach? Jeder Mensch kann malen. Man sollte nur nicht gleich den Anspruch haben, dass etwas Perfektes, Künstlerisches dabei herauskommen muss.« Er lächelte und ich dachte wieder einmal, dass er wirklich ein anziehender Mann war, viel anziehender, als Mervyn Gruffydd es je sein würde.

»Soll ich dir Farben und einen Malblock besorgen, morgen, wenn ich nach Aberystwyth fahre?«, fragte er. »Oder willst du mitkommen?«

Ich sagte Ja, ich käme gern mit, und wir verabredeten, gleich nach dem Frühstück loszufahren. Ich hoffte, dass auch Jenny dabei sein würde, falls sie ausnahmsweise einmal einen Vormittag lang auf Mervyns Gesellschaft verzichten konnte.

Mr Rowland und ich gingen ein Stück gemeinsam den Hügelpfad entlang, der von den letzten Häusern aufs freie Land führte. Er wollte zum Friedhof, von dem man einen besonders schönen Blick aufs Meer hatte, wie er sagte.

»Ich bin schon als kleiner Junge oft hier gewesen«, erzählte er. »Allerdings nicht wegen der schönen Aussicht. Damals gab's hier unheimlich viele Wildkaninchen – die gibt es auch heute noch –, und wir haben sie mit Schlingen gefangen, mein Freund Tom und ich. Das war grausam von uns, aber wir wussten es nicht besser.«

Ich folgte ihm durch das Tor, das windschief in den Angeln hing, und zwischen den Grabsteinen immer höher den Hügel hinauf. Viele der Steine waren so verwittert, dass man die Inschriften nicht mehr erkennen konnte, und es gab keinen Grabschmuck; nur ab und zu einen vergilbten Strauß künstlicher Blumen.

Der Blick aufs Meer war wirklich überraschend schön: smaragd- und türkisfarben das Wasser im wechselnden Licht der Sonne, silbrig die Gischtschwaden, die sich an den Klippen brachen und vom Wind hochgewirbelt wurden, sodass die Felsen darin verschwanden und triefend wieder auftauchten, während weit draußen ein Schiff mit weißen Segeln seine Bahn zog.

Mr Rowland ging zu einem Grab, das dicht an der

Friedhofsmauer lag. Etwa ein Dutzend Rowlands waren hier begraben, der erste vor nahezu zweihundert Jahren.

»Früher«, sagte Jennys Vater, »haben die Leute da gelebt, wo sie geboren wurden, und sind dort auch unter die Erde gebracht worden; jedenfalls war es meistens so. Ich lebe nicht hier, aber ich komme immer wieder hierher zurück und ich denke, ich möchte eines Tages auch auf diesem Friedhof begraben liegen. Es ist gut, wenn man einen Ort hat, an dem man sich zu Hause fühlt. Vielleicht kehrt man immer wieder dorthin zurück, woher man gekommen ist.«

Ich hatte angefangen, die Vornamen auf dem Grabstein zu lesen: Owain und Gwilym, Bronwen, Emrys, John, Eilian …

Ich spürte, wie mir der Atem stockte. Ich beugte mich vor und versuchte die von Moos und Flechten überzogenen Jahreszahlen zu entziffern. *Eilian Rowland*, stand da, *1878* (oder war es 1876?) – *1899*.

»Einundzwanzig«, sagte ich unwillkürlich. »Oder dreiundzwanzig? Sie ist sehr jung gestorben.«

Und Mr Rowland nickte. »Eilian, ja«, sagte er. »Sie war die Schwester meines Großvaters.«

»Woran ist sie gestorben?«, fragte ich.

Und er sagte: »Sie ist ertrunken.«

Wir wandten uns um und gingen wieder zum Tor zurück, wo Zaunkönige in den Brombeerranken huschten, die die Friedhofsmauer überwucherten.

Der Wind war stark und ungebärdig hier oben, er brauste mir in den Ohren und zerrte an meinen Haaren.

Mr Rowland musste fast schreien, um sich verständlich zu machen. »Mein Großvater hat nie darüber gesprochen, aber meine Großmutter hat mir einmal erzählt, dass keiner je wusste, ob Eilians Tod ein Unfall war oder Selbstmord. Eines Abends kam ihr Pferd, das sie sehr geliebt hat, allein von einem Ausritt zurück. Am nächsten Tag wurde Eilian tot an den Strand gespült.«

Eine seltsame Erregung überkam mich, während er sprach. Ich spürte den drängenden Wunsch, ihm eine Frage zu stellen; doch dann hätte ich ihm auch von meinem Traum erzählen müssen. Wahrscheinlich, so dachte ich, wäre er auch gar nicht in der Lage gewesen, meine Frage zu beantworten; denn was wusste er schon vom Aussehen eines Pferdes, das vor mehr als hundert Jahren gelebt und der Schwester seines Großvaters gehört hatte? Und Eilians Gesicht hatte ich im Traum nie deutlich gesehen. Es war immer nur ein blasses, verschwommenes Oval gewesen wie auf einem unfertigen Gemälde. Aber die silberweiße Mähne des Pferdes hatte ich deutlich gesehen.

Das Einzige, was ich in ziemlich falschem Englisch fragte, während wir den Hügelweg hinuntergingen, war: »Warum hätte sie Selbstmord begehen sollen?«

Doch er sagte, er wüsste es nicht. »Es muss damals wohl irgendwelche Gerüchte gegeben haben«, meinte er. »Meine Großmutter hat sicher davon gewusst, aber mit einem Schuljungen spricht man nicht über solche Dinge.«

Dann trennten wir uns, denn Mr Rowland wollte noch ins Dorf. Ich aber kehrte zum Haus zurück, verwirrt und unruhig wie ein Jagdhund, der auf eine frische Fährte gestoßen ist, die in undurchdringlichem Dickicht endet.

Der Traum kam nicht wieder, aber auch wenn er sich wiederholt und ich auf Einzelheiten hätte achten können, hätte es mich wohl kaum weitergebracht.

Ich fragte Mr Rowland möglichst beiläufig nach alten Familienfotos, und wenn er erstaunt darüber war, zeigte er es nicht.

»Es hat kaum Fotos gegeben«, sagte er. »Ich erinnere mich nur an ein paar, die Granny aufbewahrte. Meine Schwester hat sie mitgenommen, als sie mit ihrem Mann nach Australien ging.«

Ich kaufte mir Pinsel, Farben und einen Block und malte in den folgenden Tagen wie besessen – die Hügel und Wiesen mit den Steinmäuerchen und windzerzausten Bäumen und immer wieder das Meer und die Küste. Auch die Dartmoorponys versuchte ich zu malen, aber das Ergebnis war so bescheiden, dass ich es aufgab und mich nur noch auf Landschaftsmalerei beschränkte.

Währenddessen folgte Jenny getreulich Mervyns Spuren. Zum Glück war er abends meistens mit Freunden unterwegs und hatte keine Zeit für Jenny, sodass wir wenigstens die Abende gemeinsam verbringen konnten. Und einmal, als wir im Bett lagen und lange nicht einschliefen, erzählte ich ihr von dem Gespräch mit ihrem Vater und was er mir über Eilian, die Schwester ihres Urgroßvaters, gesagt hatte.

»Seltsam«, sagte Jenny. »Davon, dass sie möglicherweise Selbstmord beging, hat er mir nie etwas erzählt. Ich hab nur gewusst, dass sie ertrunken ist. Aber warum glaubst du, dass das etwas mit deinem Traum zu tun haben könnte?«

Ich konnte es ihr nicht erklären, denn es gab keine greifbaren Anhaltspunkte, nichts als einen Namen und ein Pferd mit weißer Mähne und das Gefühl von einer Verbindung, schwach wie ein Spinnwebfaden.

Jennys Vater interessierte sich für meine »Kunstwerke«. Er behauptete, ich hätte Talent, und zeigte mir, wie ich den Pinsel mit Wasser tränken musste, um zu erreichen, dass die Farben ineinander liefen, sodass die Konturen weicher wurden und Wolken, Klippen und Wasser zu verschwimmen schienen.

Ich sollte vier Wochen bei Jenny bleiben. Als die Hälfte der Zeit um war, flogen die Tage nur so dahin.

Mr Rowland fuhr übers Wochenende nach London, was Jenny ihm sehr übel nahm. »Er trifft sich bestimmt mit dieser Frau«, sagte sie. »Wetten? Ich verstehe Ma nicht, dass sie es ihm nicht verbietet!«

»Das kann sie nicht«, sagte ich. »Er ist doch nicht ihr Besitz.«

Er brachte mir eine schöne, große Mappe mit, in der ich meine Bilder verstauen konnte. Sie war aus Pappe, mit marmoriertem Papier bezogen und hatte Bänder, mit denen man sie zubinden und die Blätter so am Herausfallen hindern konnte.

»Dad mag dich«, sagte Jenny. »Irgendwie seid ihr euch ähnlich. Nicht äußerlich, meine ich. Aber … ihr seid von der gleichen Art.«

Ich mochte Mr Rowland auch und ich wünschte ihm Glück – vielleicht mit einer neuen Frau, auch wenn das schwer für Jenny sein mochte. Und ich dachte, dass ich die Mappe, die er mir geschenkt hatte, immer als Andenken an ihn aufbewahren wollte.

Drei Abende vor meiner Abreise sagte Jenny, Mervyn wollte zu einem Folkfestival in einem Ort irgendwo an der Küste reiten, und er hätte vorgeschlagen, dass wir mitkommen könnten.

»Du kannst Gwagedd Annwn nehmen«, sagte sie großzügig, »Mervyn reitet eine Vollblutstute, die einem seiner Freunde gehört.«

Ich war nicht sicher, ob ich mitreiten und fünftes Rad am Wagen spielen wollte, doch weil ich Jenny nicht den Spaß verderben wollte, sagte ich Ja. Und es kam genauso, wie ich es mir vorgestellt hatte: Jenny und Mervyn galoppierten voraus und ich zuckelte auf Ann in immer größerem Abstand hinterdrein. Wenn sie nicht ab und zu Halt gemacht und auf mich gewartet hätten, wären sie mit der Zeit nur noch Pünktchen am Horizont gewesen.

»Kannst du nicht schneller reiten?«, fragte Jenny. »Ihr passt wirklich zusammen, du und Gwagedd. Warum treibst du sie nicht stärker an?«

»Weil sie nicht mein Sklave ist«, sagte ich aufsässig. »Sie hat das Recht, so schnell oder so langsam zu gehen, wie es ihr gefällt.«

Dann zogen Wolken übers Meer, schwarz und drohend und schnell wie Schlachtschiffe mit vollen Segeln, und plötzlich begann es aus vollen Rohren zu gießen.

»Shit!«, sagte Mervyn. »Das Festival können wir vergessen.« Das Wasser tropfte aus seinen Haaren auf den Vorsprung seiner Nasenspitze und von dort aufs Kinn. »Hier in der Nähe wohnt eine uralte Tante meines Großvaters. Bei ihr können wir bleiben, bis es trocken genug ist, um zurückzureiten.«

Die Tante von Mervyns Großvater war wirklich der älteste Mensch, den ich je gesehen hatte. Wenn jemand behauptet hätte, sie sei hundertzehn Jahre alt, hätte ich es geglaubt. Trotz des Altersunterschieds und der weitläufigen Verwandtschaft sah sie Mervyn irgendwie ähnlich.

Sie wuselte noch verblüffend munter herum; befahl uns, unsere nassen Sachen auszuziehen und säuerlich riechende Decken umzuhängen, die teuflisch kratzten. Dann machte sie Feuer im offenen Kamin, hängte unsere Kleidungsstücke zum Trocknen auf und verschwand durch eine Tür in den angrenzenden Stall, um den Pferden Heu zu geben.

Ich verstand so gut wie gar nichts von dem, was sie sagte. Mervyn erklärte, das sei wegen des walisischen Dialekts und weil sie als Kind noch »Welsh« gesprochen hätte, eine gälische Sprache, die mit dem Englischen nichts zu tun hat. Außerdem war sie praktisch zahnlos.

Trotzdem redete sie wie ein Wasserfall. Vermutlich war sie in ihrer Einsamkeit froh, dass ihr der Zufall gleich drei Zuhörer ins Haus geregnet hatte, und wollte diese Gelegenheit gründlich ausnützen.

Ich saß neben Jenny auf einem dreibeinigen Hocker und sie übersetzte einiges von dem, was Mrs Caerphilly erzählte, während wir starken, süßen Tee tranken und altbackene Plätzchen aßen.

»Sie hat meinen Großvater gekannt«, erklärte Jenny. »Und meinen Urgroßvater. In einen von ihnen war sie ein bisschen verliebt, sagt sie.«

Und die Alte nickte und kicherte und plötzlich begriff ich, dass sie das Überbleibsel einer dahingegangenen Generation war, eine der letzten Brücken zur Vergangenheit; jemand, der Dinge wusste, die fast vergessen waren und wohl auch kaum noch einen Menschen interessierten.

»Frag sie, was sie von Eilian weiß!«, flüsterte ich Jenny zu. »Vielleicht erinnert sie sich an sie und an die Gerüchte, die sich die Leute damals erzählt haben.«

Die alte Frau horchte auf, als sie den Namen hörte. Offenbar funktionierte ihr Gehör noch ausgezeichnet. Ich sah, wie ihre Augen, die vogelgleich aus den Höhlen des mageren Gesichts blickten, einen neugierigen Glanz bekamen, während Jenny meine Frage übersetzte. Sie erwiderte etwas, eine ganze Menge sogar, aber sie hätte ebenso gut Suaheli sprechen können, so wenig verstand ich sie. Dabei sah sie mich unverwandt an. Sie hatte wohl begriffen, dass ich es war, die sich für das Schicksal von Eilian Rowland interessierte.

»Was?«, sagte ich zu Jenny, als Mrs Caerphilly endlich eine Pause einlegte. »Was hat sie gesagt?«

Jenny erwiderte erstaunt: »Ich hab das alles nicht gewusst. Und ich glaube auch nicht, dass Dad eine Ahnung davon gehabt hat. Mrs Caerphilly war zu der Zeit, als das Unglück mit Eilian passierte, noch ein Kind, aber sie hat offenbar einiges von den Gerüchten mitbekommen, die damals umgingen. Diese Schwester meines Großvaters – nein, sie war ja die Schwester meines Urgroßvaters! – ist in einen Seemann verliebt gewesen, der bei einem Schiffsunglück ums Leben kam …«

Ich merkte, wie meine Kopfhaut zu kribbeln begann. Das Schiff!, dachte ich. Das Schiff, das nicht kam …

Und Jenny fuhr fort: »Die Leute haben damals gemunkelt, dass Eilian ein Kind von ihm erwartete. Ein paar Tage, nachdem bekannt wurde, dass das Schiff mit ihrem Liebsten an Bord gesunken war, hat man ihre Leiche am Strand gefunden. Ihr Pferd kam allein zurück …«

Die alte Frau nickte und fügte noch rasch ein paar Worte hinzu, worauf Mervyn, der bisher schweigend zugehört hatte, sagte: »Und die Dorfleute haben natürlich zwei und zwei zusammengezählt und nicht an einen Unfall geglaubt. Die meisten waren der Meinung, dass Eilian ihren Eltern die Schande ersparen wollte, ein uneheliches Kind in der Familie zu haben. Denn damals war so etwas wirklich noch eine Schande.«

Ich merkte, dass ich zitterte, obwohl es heiß in dem kleinen Raum war, heiß vom Feuer und feucht von unseren nassen Kleidern. Jenny sah mich an. Sie sagte kein Wort, aber ich wusste, dass auch sie an das Schiff dachte, auf das ich – oder jene Frau im Traum – so verzweifelt gewartet hatte, als hinge mein Leben davon ab, oder vielmehr das ihre.

Es war plötzlich still in Mrs Caerphillys Haus. Die alte Frau schien in Gedanken an längst vergangene Zeiten versunken und saß da, die knochigen Hände gefaltet, den Blick nach innen gekehrt.

Jenny streckte den bloßen Arm unter der Decke hervor und berührte meine Schulter, als müsste sie mich trösten. Doch ich war nun ganz ruhig und ein Gefühl von friedlicher Verwunderung erfüllte mich. Eine Tür war aufgegangen und hatte mir einen kurzen Blick auf ein Land jenseits der Grenzen des Bewusstseins gewährt, ein Land, das weit und unerforscht war wie die Sterne. Ein Teil von mir, der älter war als mein Körper, kannte dieses Land, und die Träume waren der Schlüssel. Doch keine Mrs Caerphilly würde mir je sagen können, welche Macht mich hierher geführt hatte; und ich wusste, jetzt und für immer, dass es Dinge gibt, die sich nicht begreifen oder ergründen lassen, jedenfalls nicht von uns Sterblichen.

Am Tag meiner Abreise pflückte ich einen Strauß Wiesenblumen und ging damit allein zum Friedhof auf dem Hügel, von dem man so weit übers Meer sehen konnte. Dort legte ich die Blumen auf das Familiengrab der Rowlands, auf Eilians Grab; und während ich da stand, dachte ich, dass diese Blumen auch für mich waren.

Ich sah hinunter aufs Meer, das ewig gleich zu sein scheint und doch in ständiger Veränderung ist, das vieles in seiner Tiefe verbirgt und manches irgendwann wieder ans Tageslicht bringt: Schiffswracks, Strandgut und Abfall, Menschen, die ihm ihr Leben anvertraut haben, und vielleicht auch Erinnerungen.

Dann ging ich langsam zum Haus der Rowlands zurück, um meine Sachen zu packen. Ich verabschiedete mich auch von den Ponys, doch ich wusste, dass ich hierher zurückkehren würde. Denn vielleicht war es so, wie Jennys Vater gesagt hatte: Man kehrt immer dorthin zurück, woher man gekommen ist.

Dort auf dem Hügel

Die Pension hieß »Waldemars Ruh«, eine alte Villa im Fachwerkstil. Sah ungefähr aus wie ein großes Lebkuchenhaus mit grün gestrichenen Läden, mehreren geschnitzten Balkonen und braunen Balken zwischen dem Ziegelmauerwerk. Sie stand direkt am Waldrand, unter mächtigen dunklen Tannen, wie sich das für den Schwarzwald gehört. Nicht weit von der Terrasse mit den bunten Schirmen und Plastikstühlen gab es einen Forellenteich.

»Mann, das ist ja finsterste Pampa!«, sagte mein Bruder Jan. »Was macht man hier so den ganzen Tag? Tannennadeln zählen?«

»Langweilig, das wird stinklangweilig!«, echote unser kleiner Bruder Timmy, der immer der gleichen Meinung war wie Jan.

Unser Vater seufzte. »Jetzt wartet doch erst mal ab, Kids«, sagte er, während er den Wagen auf den Parkplatz fuhr.

Ich stieg aus. Es roch nach Harz und Quellwasser, nach Moos und frisch gesägtem Holz. Das Gras war hoch und weich wie Samt unter meinen nackten Fußsohlen. Jan und Timmy stänkerten noch immer. Timmy behauptete, er wäre allergisch gegen Katzenhaare, sobald er die beiden Katzen bemerkte, die sich auf der Terrassenbrüstung sonnten.

»Seit wann?«, fragte ich. »Bimbo hatten wir fünf Jahre und du hast ihn sogar mit ins Bett genommen. Da hättest du längst einen Allergieschock kriegen müssen.«

Timmy zog es vor, nicht zu antworten. Jan machte sein muffigstes Gesicht. »Glaubt bloß nicht, dass ich hier lange bleibe«, stieß er zwischen den Zähnen hervor.

Vater war schon damit beschäftigt, das Gepäck aus dem Auto zu hieven. »Hilft mir mal einer?«, rief er unter dem Kofferraumdeckel hervor.

»Es hat keinen Sinn auszupacken«, meckerte Timmy.

»Halt den Schnabel«, sagte ich. »Ihr geht mir auf den Keks.«

In dieser frohgemuten, einträchtigen Stimmung betraten wir die Eingangshalle. Das Innere des Hauses war dämmrig, voll gepackt mit dunkler Holztäfelung und schweren alten Möbeln, Samtvorhängen, die die Sonne aussperrten, und Bildern in goldenen Rahmen, die röhrende Hirsche, Berggipfel und Waldseen zeigten.

Meine Brüder tauften die Halle sofort die »Muffelgruft« und den Pensionsbesitzer, einen hageren, schwermütig dreinschauenden Mann mit dichtem grauem Haar, den »Obergrufti«. Wir bekamen drei nebeneinander liegende Zimmer unter dem Dach – eins für unsere Eltern, eins für meine Brüder und eins für mich.

»Meine Frau kommt in ein paar Tagen nach«, sagte Vater zu Herrn Waldemar. »Das heißt, wir hoffen, dass sie bald kommen kann. Ihre Mutter liegt im Krankenhaus, wissen Sie. Sie hatte am vergangenen Wochenende einen Herzinfarkt.«

»Das tut mir Leid«, sagte Herr Waldemar. »Ich hoffe, es geht Ihrer Schwiegermutter bald wieder besser. Sie nehmen am besten das Zimmer mit Telefon, damit Sie jederzeit erreichbar sind.«

Eine Viertelstunde später saßen wir auf der Terrasse und Frau Waldemar servierte uns das Mittagessen, obwohl es schon drei Uhr nachmittags war. Trotz der Unzufriedenheit meiner Brüder über diesen ätzend öden Urlaubsort, diese »Wüsteneipampa«, wie Jan sich ausdrückte, hatte es ihnen doch nicht den Appetit verschlagen. Jeder schaufelte eine Riesenportion Jägerschnitzel mit Rotkraut und Kartoffelbrei in sich hinein, dazu Salat, und hinterher auch noch Schwarzwälder Kirschtorte mit Sahne. Mir wurde allein schon vom Zusehen übel.

»Und jetzt?«, fragte Timmy, kaum hatte er seine Kuchengabel aus der Hand gelegt.

»Lasst euch selbst was einfallen«, meinte unser Vater, der schon ziemlich genervt war. »Ich bin nicht euer Animateur. Jetzt rufe ich erst mal zu Hause an.«

»Richte Mama schöne Grüße aus«, sagte ich.

Er nickte mir zu. Ich mag meinen Vater sehr. Er brauchte diesen Urlaub dringend; ich fand, dass er total überarbeitet war. Nachdem er aufgestanden und durch die Terrassentür verschwunden war, versuchte ich meinen Brüdern ins Gewissen zu reden.

»Hört auf rumzumeckern, ja?«, mahnte ich. »Paps muss Ruhe haben, er ist fix und foxi. Wenn er nicht endlich mal ausspannen kann, klappt er zusammen, merkt ihr das nicht? Ihr werdet euch doch irgendwie beschäftigen können. Holt die Fahrräder vom Dachträger und radelt zu diesem Schwarzsee, den es hier irgendwo geben soll. Da könnt ihr schnorcheln.«

Mein Vorschlag löste keine Begeisterung aus. Sie murrten und knurrten, trabten dann aber in Richtung Parkplatz los, während ich die Katzen streichelte und beschloss, ein Stück in den Wald hineinzugehen und zu schauen, wohin der Pfad führte, der hinter dem Haus begann.

In alten Märchen werden manchmal Wälder beschrieben, wo riesige Farne wachsen; dazwischen schaukeln Fingerhüte. Vergissmeinnicht und Wiesenstorchschnabel blühen im Gras neben glucksenden Bächen und moosbewachsenen Felsbrocken; Schmetterlinge gaukeln über Lichtungen, die nach warmem Holz duften und von Himbeerranken überwuchert sind, und in den Baumwipfeln singen die Vögel. So war dieser Wald.

Ja, er kam mir wie ein Sagenwald vor, ein Zauberort. Wenn ein Zwerg mit Zipfelmütze oder eine Elfe mit Flügeln hinter einem der Felsen aufgetaucht wäre, hätte ich mich nicht weiter gewundert.

Schließlich kam ich an eine Wegkreuzung mit einem

verwitterten Wegweiser. Zwei Schilder zeigten nach rechts, eines nach links, ein viertes geradeaus, und ich beschloss geradeaus weiterzugehen, ins »Hexenloch«, weil mir der Name gefiel.

Der Pfad führte durch eine Schlucht, in der ein Waldsee wie ein dunkles Auge zwischen Tannen eingebettet lag. Die Frösche quakten aus vollem Hals und Libellen düsten durch das Schilf. Am Ufer blühten gelbe Schwertlilien und ich dachte: Bestimmt gibt es hier Ringelnattern und man versinkt im Schlamm, aber ich werde zum Baden hierher kommen, ganz allein.

Ich glaube nicht, dass ich je im Leben einen schöneren Weg gegangen bin. Er führte vom Dunkel ins Licht, vom Licht ins Dunkel. Die Bäume, hoch wie die Türme von Kathedralen, bildeten mit ihren Wipfeln eine Art grünen Baldachin. Dann wieder gab es Lichtungen, auf denen Glockenblumen und Lichtnelken verschwenderisch blühten. Quellen sprangen und rauschten in der geheimnisvollen Tiefe der Schluchten und einmal sah ich ein Reh, das zwischen den Bäumen auftauchte, mich flüchtig beäugte und wieder verschwand.

Dann öffnete sich der Wald und vor mir lagen steil ansteigende Bergwiesen voller Thymian. Die Hänge wirkten seltsam gerippt; es sah aus, als wäre der Boden mitten in einer Wellenbewegung erstarrt. Dazwischen lagen Felsbrocken und ganz oben auf dem steilsten Hang, der sich bis zur Waldgrenze erstreckte, stand ein altes Haus mit geborstenem Dach.

Ich blieb stehen und überlegte, ob ich hinaufklettern und es mir näher ansehen sollte, doch dann fiel mir ein, dass ich schon weit gegangen war – viel weiter, als ich vorgehabt hatte. Ich sah auf die Uhr; es war inzwischen fast sechs und ich musste etwa zwei Stunden für den Rückweg rechnen.

Ich nahm mir vor, gleich morgen wieder herzukommen, ein Picknick mitzunehmen und unterwegs im Waldweiher zu schwimmen. Es tat gut, allein zu sein und zu wandern, bis ich müde wurde; vielleicht half es sogar, mir über einiges Klarheit zu verschaffen – vor allem über Pit.

Pit war ein Schulfreund, in den ich mich zu Ostern verliebt hatte. Wir kannten uns schon seit drei Jahren, doch Ostern hatte es ganz plötzlich zwischen uns gefunkt, bei einer Geburtstagsfete, die meine beste Freundin Ann-Marie gab. Den ganzen April und Mai hatten wir jede freie Minute zusammen verbracht und ebenso plötzlich, wie es begonnen hatte, war es zu Ende gewesen – im Juni, kurz nach Pfingsten. Es traf mich wie ein Blitz aus heiterem Himmel, da es vorher keinerlei Anzeichen dafür gab, dass Pit das Interesse an mir verloren hatte.

Dann erfuhr ich, wer hinter allem steckte: Ann-Marie, meine Freundin. Das gab mir den Rest. Seitdem hatte ich voll die Krise. Ich fühlte mich von den beiden Menschen, denen ich – neben meinen Eltern – am meisten vertraut hatte, total verraten und verstand eigentlich überhaupt nichts mehr.

Die Bäume hier waren so steinalt und mit grauen Flechten behangen, dass mir unwillkürlich der Gedanke durch den Kopf ging, wie kurz doch ein Menschenleben ist; und es kam mir plötzlich schwachsinnig vor, sich dieses kurze Leben durch allerlei Beziehungsheckmeck zu vermiesen. Seit eineinhalb Monaten hing ich jetzt herum, schlief schlecht, hatte kaum Appetit und hätte mich am liebsten irgendwo in einer Höhle verkrochen. Wenn ich mich später einmal, mit siebzig oder achtzig, an diese Zeit zurückerinnerte, würde ich wahrscheinlich den Kopf schütteln und mich fragen, wie ich damals nur so dumm hatte sein können; und vielleicht würde mir nicht einmal mehr Pits Name einfallen.

Doch im Moment nützte mir diese Einsicht wenig. Es ging mir einfach bescheiden, das ließ sich auch nicht durch solche philosophischen Betrachtungen aus der Welt schaffen; und als ich nach »Waldemars Ruh« zurückkam, merkte ich voller Dankbarkeit, dass ich zu müde war, um noch lange zu grübeln, stattdessen einfach nur etwas Salat aß, dann ins Bett fiel und fast sofort einschlief.

Am nächsten Morgen wachte ich früh auf, sah aus dem Fenster meines Zimmers und stellte fest, dass man von hier aus über den Tannenwipfeln den Hügel mit dem verfallenen Haus sah, zu dem ich gestern gewandert war. Die Morgendämmerung lag mit grau-blauen Schleiern über den Wäldern und Höhenzügen; eine Art Nebel schwebte über dem fernen Haus, teilte sich, wurde dichter, senkte sich wieder, sodass der Hügel für kurze Zeit darin verschwand, und löste sich dann ganz auf.

Jetzt sah ich drei oder vier Gestalten, die sich ums Haus bewegten, Kühe vielleicht oder Hirsche. Nein, für Hirsche waren sie zu groß; es mussten Kühe oder Pferde sein.

Beim Frühstück, das meine Brüder in mürrischem Schweigen verzehrten, während unser Vater die Wanderkarte studierte, fragte ich Frau Waldemar nach dem Haus.

»Ach, der alte Hof auf dem Rappensprung?«, sagte sie. »Der steht schon lange leer. Er ist vor etwa siebzig Jahren ausgebrannt. Der Großvater meines Mannes hat den Brand noch erlebt.«

»Und die Pferde?«, fragte ich. »Wem gehören die Pferde?«

Sie sah mich verwundert an. »Pferde? Da oben gibt's keine Pferde. Dort ist weit und breit keine Landwirtschaft mehr. Kühe können da auch nicht sein, es ist zu weit vom nächsten Dorf entfernt und der Grund gehört jetzt dem Forstwirtschaftsamt.«

Jan brach sein grämliches Schweigen. »Sicher waren's Elche«, sagte er mit vollem Mund. »Oder Grislibären, die werden jetzt wieder hier angesiedelt. Das hab ich kürzlich gelesen.« Er grinste.

Ich ließ mich nicht zu einer Antwort herbei. Unser Vater schlug einen Ausflug in die Wutachtalschlucht vor, in der es schöne Wasserfälle und allerhand seltene Pflanzen geben sollte, doch Jan und Timmy lehnten ab.

»Stundenlang durch die Landschaft tapern, nein danke!«, sagte Jan. Natürlich war Timmy der gleichen Meinung und erklärte, Wanderungen wären abartig und etwas für Gruftis.

Als ich das enttäuschte Gesicht meines Vaters sah, beschloss ich den Ausflug zur Rappensprunghöhe um einen Tag zu verschieben und mit ihm in die Wutachtalschlucht zu gehen. Timmy und Jan wollten ihre Mountainbikes auf steilem Gelände ausprobieren. Ich hasse Mountainbikes. Ich finde, sie sind eine Landplage und machen auch noch die letzten unberührten Ecken unserer Natur kaputt.

»Wir waren mit den Rädern oben auf deinem komischen Rappensprunghof, Svenja«, sagte Jan abends zu mir, als Vater und ich durstig und mit Blasen an den Fersen von unserer Wanderung zurückkamen. »Und rat mal, was wir gefunden haben!«

»Ja, rat mal!«, echote Timmy.

»Keine Ahnung«, murmelte ich und sah mich gelangweilt um. An den Nachbartischen saßen zwei ältere Paare; sonst waren offenbar – abgesehen von uns natürlich – keine Gäste im Haus.

»Nichts«, sagte Jan mit dramatischer Betonung.

»Der alte Bunker ist total ausgebrannt«, fügte Timmy hinzu.

»Ja, und?«, fragte ich. »Was weiter?«

»Nichts, sag ich doch. Keine Hufspuren. Du hast das mit den Elchen oder Pferden oder Grislis nur geträumt.«

»Auch keine Pfotenabdrücke«, assistierte Timmy.

»Aha«, sagte ich. »Sehr komisch. Dann hab ich mich wohl getäuscht.«

Trotzdem war ich sicher, dass ich mir die Gestalten nicht eingebildet hatte. Vielleicht hatten Jan und Timmy ja nicht richtig nachgesehen. Falls der Boden dort oben hart und steinig war, konnten sie auch keine Spuren gefunden haben.

Vater kam durch die Terrassentür und erklärte, dass Großmutters Zustand unverändert sei und dass unsere Mutter mindestens noch zwei Tage in Bremen bleiben müsse.

»Hast du ihr nicht gesagt, dass wir nicht mehr lange hier sind?«, meckerte Timmy. »Was sollen wir denn die ganze Zeit in dieser Zwergenpampa?«

Ich genierte mich vor Herrn Waldemar, der am Nebentisch das Geschirr abräumte und sicher alles mitbekam. Er sah so bedrückt aus. Wahrscheinlich machte er sich Sorgen, weil sie kaum Gäste hatten. »Die Zeiten für solch kleine Privatpensionen sind vorbei«, hatte mein Vater nachmittags gesagt. »Die Leute machen heutzutage lieber im Ausland Urlaub. Wanderferien im Schwarzwald sind nicht mehr in.«

Am nächsten Morgen wachte ich erneut früh auf und dachte an Pit. Natürlich hatte ich wieder einmal von ihm geträumt und es war kein angenehmer Traum gewesen. Um auf andere Gedanken zu kommen, stieg ich aus dem altmodischen Bett und ging zum Fenster.

Der Morgendunst lag dicht über den Wäldern; vom Hof auf der Rappensprunghöhe war nichts zu sehen. Doch eine Viertelstunde später, als ich wieder aus dem Fenster sah, war es klarer. Der Widerschein der ersten Sonnenstrahlen erhellte den Hügel von hinten wie die bleichen Scheinwerferkegel eines Autos, das aus dem Nebel fährt; und die Umrisse des alten Hofes, der fast nur aus dem tief gezogenen Dach zu bestehen schien, zeichneten sich deutlich ab.

Jetzt sah ich auch die Tiergestalten wieder. Es waren drei – dunkel und schemenhaft nur, aber ich hätte schwören können, dass sie da waren und sich vor dem Hintergrund des Hauses bewegten. Anfangs standen sie in einer Gruppe zusammen; dann löste sich eines der Tiere und driftete nach links und Minuten später folgten ihm die beiden anderen.

Ich verglich ihre Größe mit der Höhe des Hauses und kam zu dem Schluss, dass es weder Rehe noch Hirsche sein konnten; es mussten tatsächlich Pferde oder Kühe sein. Ein seltsames Gefühl beschlich mich, während ich da am Fenster von »Waldemars Ruh« stand und die drei schattenhaften Gestalten vor dem ausgebrannten Hof beobachtete. Alles, was bisher mein Leben ausgemacht hatte, schien fern und bedeutungslos; es war, als befände ich mich in einer Traumwelt oder einer anderen Wirklichkeit.

Als die Sonne den Hügelkamm überschritten hatte und die Höhenzüge, die Wälder und das verlassene Haus in ihr Licht tauchte, waren die Tiere verschwunden. Im einen Moment sah ich sie noch ganz deutlich, im nächsten schienen sie sich in Luft aufgelöst zu haben. Und mir war, als müsste ich mich schütteln wie eine dieser Figuren im Märchen, von denen ein Zauberbann abfällt.

Ich besorge mir ein Fernglas, dachte ich. Und heute gehe ich wirklich auf den Hügel und sehe mir das alte Gemäuer aus der Nähe an. Es können ja auch nur ein paar Kühe sein, die aus ihrer Weide ausgebrochen sind und sich dorthin verirrt haben.

»Wohin gehst du?«, fragten meine Brüder, die nach dem Frühstück beim Forellenteich herumhingen und beobachteten, wie ich mit dem Rucksack loszog.

»Spazieren«, sagte ich einsilbig.

»Paps will mit uns zum Schluchsee fahren. Kommst du nicht mit?«

Ich schüttelte den Kopf. »Gehst du auf den Rappensprung?«, fragte Jan.

»Das kannst du dir sparen, da gibt's nichts zu sehen«, fügte Timmy hinzu.

»Überlass das mir«, sagte ich. »Und richtet Paps aus, dass ich zum Mittagessen nicht da bin.«

Ich hatte schon fast wieder vergessen, wie schön der Weg war. Zwischen den Tannenstämmen strömten Säulen von Licht ins Innere des Waldes, die den Tau auf Fingerhüten, Moos und Farnkraut zum Funkeln brachten. Nur im Hexenloch war es dunkel und still bis auf das Gurren von Tauben im Gesträuch; und als ich durch das

Dickicht zum Waldweiher ging, verstummte schlagartig das Quaken der Frösche.

Obwohl ich meinen Bikini mitgebracht hatte, badete ich nackt und fand es wunderbar, das weiche Moorwasser auf der Haut zu spüren, ohne ein Stück Stoff dazwischen. Es störte mich auch nicht, dass meine Füße bis zu den Knöcheln im weichen, schwappenden Grund einsanken, der aus Schlamm und dem versunkenen Laub des vergangenen Herbstes bestand und Luftblasen an die Oberfläche schickte.

Der Hang zum Rappensprung hinauf war voller Bienen, die im Klee und in den Thymianblüten hingen. Der ganze Hügel schien zu summen. Droben kauerte das Haus mit seinem rauchgeschwärzten Dach, in dem ein riesiges Loch wie eine Wunde klaffte.

Je näher ich kam, umso öder und trauriger sah es aus mit seinen zerbrochenen Fensterscheiben, den Brennnesselbüschen, die im Schutz der alten Mauern wucherten, dem bröckelnden Kamin und dem dunklen Viereck, in dem einst die Tür gewesen sein musste.

Der Hof lag einsam unter dem blauen Sommerhimmel. Weit und breit war keine Kuh, kein Pferd zu sehen, nichts als ein Rotkehlchen, das bei meinem Näherkommen unter dem Dach hervorflog und sich im Holunderbusch niederließ, der zwischen einem Haufen alter Bretter und Steine wuchs.

Das Haus verströmte einen Hauch von Moder und Verfall. Er kam aus den Fensterhöhlen und der Türöffnung, sogar aus den Mauern; und er war noch immer, nach so langer Zeit, mit Rauchgeruch vermischt.

Ich mochte nicht hineingehen. Ich wanderte ums Haus herum, an der Auffahrt zur Tenne vorbei. Einen Stall gab es nicht mehr, er war wohl dem Brand zum Opfer gefallen – da, wo die Außenmauern des Gebäudes ins Leere ragten, ohne Begrenzung, wo auch das Dach verschwunden war, weggebrannt und eingestürzt wahrscheinlich, sodass man einen Blick ins Innere werfen konnte, eine Höhle voller Schutt, Unkraut und verkohlter Balken.

Ums Haus wuchs hohes Gras. Ich sah die Spuren schmaler Reifen darin, die von den Mountainbikes meiner Brüder stammen mussten, doch keine Hufabdrücke, nichts, was darauf hindeutete, dass hier noch vor wenigen Stunden Pferde oder Kühe gegangen waren. Und ich wusste, es war unmöglich, dass ein so schweres Tier wie ein Pferd oder eine Kuh keine Spuren im Gras hinterlässt.

Ziemlich verwirrt machte ich mich auf den Rückweg. Meine Gedanken kreisten weiter um das alte Haus; das, was ich im Morgengrauen dort gesehen hatte – oder zu sehen geglaubt hatte –, und die fehlenden Spuren. Es war das erste Mal seit Wochen, dass ich längere Zeit über etwas anderes nachgrübelte als über Pit und Ann-Marie. Doch das wurde mir erst später bewusst, als ich auf der Terrasse von »Waldemars Ruh« saß und ein Eis aß. Mein Vater und meine Brüder waren noch nicht von ihrem Ausflug zurück und ich überlegte, wie ich am schnellsten an ein Fernglas kam.

Schließlich tauchte Frau Waldemar mit einem Eimerchen auf und säuberte die Plastiktische. Ich fragte sie, ob sie ein Fernglas hätte, das sie mir leihen könnte. »Nur für einen Tag oder so«, sagte ich.

Sie schien sich nicht zu wundern, überlegte nur einen Augenblick und erwiderte dann, ja, sie wollte nachsehen, irgendwo im Haus müsse noch ein Fernglas sein, das von ihrem Vater stammte, der Förster gewesen war.

Beim Abendessen lag wirklich ein Fernglas neben meinem Teller, sehr groß und in einem schwarzen Lederetui.

»Du kannst es behalten, solange ihr hier seid«, sagte Frau Waldemar, die Käsespätzle und Salat brachte.

»He, Svenja ist unter die Späher gegangen!«, spöttelte Jan. »Du willst wohl das Haus auf dem Hügel beobachten?«

Ich sagte nicht Ja und nicht Nein. »Warst du heute dort?«, fragte Timmy.

»Ich hab's mir mal angesehen«, erwiderte ich und nickte.

»Und? Hast du irgendwelche Spuren entdeckt?«

»Klar. Eure.«

Unser Vater wollte wissen, worum es ging. Ehe ich antworten konnte, schnatterte Timmy schon los: »Sie denkt, sie hätte da oben bei dem ausgebrannten Hof irgendwelche wilden Tiere gesehen – Elche oder Bären oder so was.«

»Pferde«, sagte ich. »Oder Kühe. Heute Morgen hab ich sie von meinem Fenster aus beobachtet und gestern auch, aber es gab keine Hufabdrücke.«

»Geisterpferde?« Vater lächelte mich an.

Ich lächelte zurück. Wir saßen noch lange draußen im Schein der Windlichter und spielten Monopoly, während die Forellen im Teich nach Mücken sprangen, die Fledermäuse ums Haus düsten und die dreifarbige Katze auf meinem Schoß schlief.

In der Nacht ging ein Gewitter nieder. Der Wind heulte in den Tannenwipfeln und der Regen prasselte aufs Dach. Ich lag lange wach, schlief erst gegen Morgen ein und träumte von einem Haus, aus dem Flammen schlugen. »Die Pferde!«, schrie ich. »Die Pferde sind im Stall eingeschlossen!« Und ich hörte ihr angsterfülltes Gewieher; es war so schlimm, dass ich davon aufwachte.

Es regnete nicht mehr, doch als ich aufstand und ans Fenster ging, war der Himmel verhangen und der Hügel mit dem Rappensprunghof verbarg sich hinter Wolkengebirgen.

Jetzt nützte mir auch Frau Waldemars Fernglas nichts, das ich aufs Fensterbrett gelegt hatte. Ich musste auf den nächsten Morgen warten und auf besseres Wetter hoffen.

Während des Frühstücks rief unsere Mutter an und erklärte, dass es Großmutter noch zu schlecht ging, um sie allein zu lassen.

»Sie hofft, dass sie wenigstens in der zweiten Urlaubswoche nachkommen kann«, sagte Paps. »Schade. Sie hätte die Erholung so nötig und hier würde es ihr sicher gefallen.«

Ich wartete auf eine von Jans und Timmys üblichen abfälligen Bemerkungen, doch sie sagten nichts. Sie stänkerten nicht einmal, als Vater vorschlug, heute gemeinsam zum Wildpark nach Oberried zu fahren.

Tagsüber besserte sich das Wetter, und als wir zum Abendessen zurückkamen, konnten wir wieder auf der Terrasse sitzen. Es gab Fisch, doch da die Fische aus dem Forellenteich neben dem Haus stammten, mochte ich nichts davon essen.

»So ein Schwachsinn!«, meinte Jan. »Immer, wenn du Fisch isst, hat man ihn irgendwann um die Ecke gebracht, das ist ja wohl sonnenklar.«

Ich erwiderte: »Kann schon sein. Aber für mich macht's einen Unterschied, wenn ich die Fische praktisch kenne und wenn sie meinetwegen aus dem Teich geholt und erschlagen werden, sobald ich das Essen bestellt habe.«

Ich aß Käsebrote und gab mir Mühe, an den toten Augen und aufgesperrten Mäulern der Fische vorbeizusehen, die nebenan auf den Tellern lagen. Dann ging ich auf mein Zimmer und schaute mit dem Fernglas zum Rappensprung hinauf. Das alte Haus lag im Abendlicht und dämmerte still vor sich hin. Mit dem Fernglas sah ich sogar das Loch im Dach; doch nichts bewegte sich, nur eine Schar Vögel flog über den Hof hinweg.

Am nächsten Morgen wachte ich früh auf, so plötzlich, als hätte mich jemand geweckt. Mein erster Gedanke galt dem Hof auf dem Hügel. Ich sprang aus dem Bett und tappte noch ziemlich schlaftrunken ans Fenster. Draußen sangen die Drosseln. Ich nahm das Fernglas und setzte es an die Augen.

Eine Weile sah ich nichts als die Tannen, die hinter »Waldemars Ruh« aufragten wie ein schwarzgrüner Wall. Ich schraubte an der Einstellung herum und hob das Glas ein Stück höher. Jetzt erkannte ich überraschend deutlich die Höhenzüge und auf der höchsten Erhebung das alte Haus mit dem geborstenen Dach.

Sie waren wieder da: drei schwarze Gestalten, die in einer Gruppe beisammenstanden, mit hoch erhobenen Köpfen, als lauschten sie auf die Morgenglocken, die von irgendwoher durch Waldschluchten und über Berghänge klangen.

In diesem Augenblick wurde an meine Tür geklopft und Jan kam herein, ohne eine Antwort abzuwarten. Er war barfuß und im Pyjama.

»Siehst du sie?«, flüsterte er, während er durchs Zimmer taperte. »Ich hab sie auch gesehen – von unserem Fenster aus. Aber ich konnte nicht genau erkennen, was es ist. Timmy schläft noch.«

»Es sind Pferde.«

»Gib mir mal das Fernglas.« Ich reichte es ihm und er sah durch. »Ja«, sagte er. »Echt. Sie bewegen sich – jetzt geht eins ein Stück den Hügel hinunter.«

Er ließ das Fernglas sinken und wir wechselten einen Blick.

»Kapierst du das?«, fragte er.

Ich schüttelte den Kopf, griff nach dem Fernglas und sah wieder zum Rappensprung hinüber. Die beiden Pferde folgten dem ersten hügelabwärts; langsam, als würden sie grasen.

»Aber wie gibt's das?«, fragte Jan. »Timmy und ich haben keine Spuren gefunden – und du auch nicht.«

»Ich gehe heute noch mal hin«, sagte ich.

»Ich komme mit!« Das alte Einverständnis, das früher zwischen uns geherrscht hatte, war plötzlich zurückgekehrt. »Aber wir lassen Timmy hier. Er nervt uns bloß mit seinem Gelaber und seiner ewigen Fragerei.«

»Wie willst du ihn abhängen?«, fragte ich.

»Lass mich nur machen, mir fällt schon was ein«, versicherte Jan und hob das Fernglas wieder an die Augen. »Jetzt sind sie weg.«

»Was?«

»Sie sind weg. In den paar Sekunden, die wir nicht hingesehen haben, sind sie verschwunden.«

Er reichte mir das Glas. Wirklich, der Hof lag jetzt verlassen da, nichts bewegte sich mehr. Die Sonne war über den Hügelkamm gestiegen.

»Vielleicht sind sie hinters Haus gezogen«, meinte Jan.

»Ja, vielleicht«, sagte ich. Aber in mir war die Spur einer Ahnung, dass es etwas mit dem Sonnenaufgang zu tun haben könnte. Dreimal hatte ich die schwarzen Pferde bisher gesehen, und jedes Mal waren sie verschwunden, sobald die Sonne über den Hügel kam.

Nach dem Frühstück tricksten wir Timmy aus; das heißt, Jan hatte die Idee, ihn aufs Zimmer zu schicken, um im Gepäck nach einem Kilometerzähler für sein Mountainbike zu suchen, den er in Wirklichkeit gar nicht mitgebracht hatte.

Während Timmy suchte, verkrümelten wir uns still und heimlich in den Wald. Jan meinte, wir bräuchten kein schlechtes Gewissen zu haben, Timmy sei schließlich kein Säugling mehr. Außerdem saß unser Vater im Liegestuhl unter einem Baum und las einen Krimi; also blieb Timmy nicht allein zurück.

Ich dachte, Jan würde über den langen Weg jammern und stöhnen, aber er sagte kein Wort. Ich hatte sogar den Eindruck, dass ihm die Wanderung gefiel. Als wir im Hexenloch am Waldweiher vorüberkamen, sagte er: »Mann, das ist schön, da möchte ich mal baden!«

Doch wir blieben nicht stehen. Wir hatten es beide eilig, ans Ziel zu kommen. Es war schon ziemlich heiß, als wir den Hang hinaufkletterten. Bienen und Hummeln umschwirrten uns und die Sonne brannte uns auf die Köpfe.

Beim Haus fanden wir keine Spur, nicht eine einzige. Das Gras und die Brennnesseln waren hoch und unversehrt, kein Blatt abgeknickt, kein Halm zertreten. Ich hatte auch nichts anderes erwartet.

Mein Bruder sah so verblüfft, ja richtig erschrocken drein, dass es fast schon wieder komisch wirkte.

»Ich glaube, ich spinne!«, sagte er immer wieder. »Die können doch nicht über dem Boden geschwebt sein. Ich hab sie gesehen – ganz deutlich hab ich sie gesehen!«

»Ich auch«, erwiderte ich.

»Und was machen wir jetzt?«

»Keine Ahnung.«

Wir gingen nicht ins Haus. Nachdem wir noch einige Zeit auf dem Hügel herumgestreift waren, ohne irgendeine Spur zu entdecken, stiegen wir wieder ins Tal und gingen den Weg durch den Wald zurück. Jan dachte nicht mehr ans Baden; er trottete nur neben mir her und murmelte von Zeit zu Zeit: »Das gibt's doch nicht, Mann! Svenja, glaubst du, dass es so was gibt?«

»Ich weiß nicht«, sagte ich. »Vielleicht gibt's ja so allerhand, was wir nicht begreifen und uns nicht vorstellen können.«

Er starrte mich an. »Aber du, das würde ja praktisch bedeuten, dass es Geisterpferde sind!«

Das Wort kam mir irgendwie albern vor. »Ist doch egal, wie man es nennt«, sagte ich. »Jedenfalls sieht es ganz so aus, als gäbe es die Pferde in Wirklichkeit nicht.«

»Du meinst, sie existieren nur in unserer Phantasie? Aber wieso haben wir sie dann beide gesehen?«

»Vielleicht, weil sie da waren.«

Jan schlug sich mit der Handfläche gegen die Stirn. »He, das hält man doch im Kopf nicht aus! Was redest du da für ein Zeug? Es gibt sie nicht in Wirklichkeit, aber sie waren da? Überleg doch mal, was du sagst!«

»Ich weiß, dass es hirnrissig klingt«, gab ich zu. »Aber verstehst du nicht, was ich meine? Die Pferde sind nicht aus Fleisch und Blut; also gibt es sie nicht in Wirklichkeit, sonst hätten sie Spuren hinterlassen. Vielleicht haben sie ja mal existiert, irgendwann. Vielleicht sind sie an diesen Ort gebunden ...«

»Du meinst, sie erscheinen da? Wie Gespenster, die immer wieder in einem alten Gemäuer herumtapern?« Jan war jetzt vor Aufregung rot im Gesicht. Vielleicht hatte er aber auch zu viel Sonne erwischt. »Mannomann, das wär ja galaktisch! Aber nein, ich glaub's einfach nicht, so was gibt es doch bloß im Kino ...«

»Glaub, was du willst«, sagte ich. »Aber halt jetzt mal den Mund. Ich muss in Ruhe nachdenken.«

Wunderbarerweise tat er mir für den Rest des Heimwegs den Gefallen. Wie auf Verabredung erwähnten wir beide nichts von all dem, als wir »Waldemars Ruh« erreichten. Wir sagten nur, wir hätten eine Wanderung gemacht, was unser Vater mit stummer Verwunderung aufnahm, während Timmy sich lauthals darüber beschwerte, dass wir ihn nicht mitgenommen hatten.

»Ihr seid eine gemeine Schweinebande«, kreischte er. »Ihr habt mich gelinkt! Das zahle ich euch noch heim!«

»O Gottchen, da krieg ich aber die Panik!«, erwiderte Jan in diesem gleichgültigen, herablassenden Ton, der Timmy unweigerlich zur Weißglut brachte.

Ich hörte sie nebenan streiten, während ich in meinem Zimmer am Fenster saß und über den Wald sah, hinauf zum Rappensprung. So viel ich auch grübelte, es gab keine Erklärung für das, was wir gesehen hatten; und schließlich kam ich zu dem Ergebnis, dass es sich hier um ein Rätsel handelte, das durch Kopfarbeit nicht zu lösen war. Also ging ich nach unten und suchte Herrn Waldemar.

Ich fand ihn hinter dem Haus, wo er damit beschäftigt war, die Hecke zu schneiden. Einen Augenblick lang war ich versucht umzukehren. Noch hatte er mich nicht bemerkt, denn er wandte mir den Rücken zu. Was sollte ich sagen? Wie sollte ich anfangen? Er würde mich sicher für leicht durchgedreht halten.

Er schien meine Blicke zu spüren, denn noch ehe ich mich entschieden hatte, drehte er sich um, die Heckenschere in der erhobenen Hand. »Hallo«, sagte er. »Suchst du mich?«

Ich nickte ziemlich unschlüssig und er lächelte sein wehmütiges Lächeln. Er war sehr lang und hager und trug eine blaue Schürze und Gummistiefel.

Zögernd sagte ich: »Es ist ... ich wollte Sie etwas fragen, etwas, was mit dem Rappensprunghof zu tun hat.«

Er sah mich aufmerksam an und nickte. »Ihre Frau«, fügte ich hinzu, »hat mir gesagt, dass Ihr Großvater dabei war, als der Hof abbrannte.«

»Er war nicht dabei«, verbesserte Herr Waldemar sanft. »Aber er lebte damals hier in diesem Haus und natürlich war der Brand ein Ereignis, das jeden in dieser Gegend sehr beschäftigte.«

»Hat er Ihnen davon erzählt?«, fragte ich.

»Ja, mein Großvater sprach oft davon.« Herr Waldemar nickte. »Wenn es dich interessiert, erzähle ich dir gern, was ich noch darüber weiß.«

»Prima«, sagte ich, dankbar, dass er es mir so leicht machte. »Es interessiert mich wirklich.«

Er legte seine Heckenschere beiseite und wir setzten uns auf die alte Bank, die unter den Fliederbüschen stand.

»Der Rappensprunghof«, begann er, »gehörte damals einem Mann, der Grether hieß und dort oben ganz allein mit seinen Pferden lebte.«

Das Wort »Pferde« ließ mich aufhorchen. Ich versuchte jedoch, mir nichts anmerken zu lassen, und er fuhr fort: »Seine Frau war jung gestorben, Kinder gab es keine. Er hauste also ganz allein auf dem Rappensprung und die Pferde waren sein Ein und Alles. Wahrscheinlich waren sie ein Ersatz für die Kinder, die er nie gehabt hatte. Mit Menschen konnte er wohl nicht besonders gut umgehen; er lebte scheu und zurückgezogen. Mein Großvater sagte, man hätte ihn kaum jemals im Dorf gesehen. Er war wohl ein richtiger Einzelgänger.«

»Hatte er viele Pferde?«, fragte ich.

Herr Waldemar warf mir einen Seitenblick zu. »Nein, ich glaube, es waren drei. Es müssen sehr edle Tiere gewesen sein, keine Arbeitspferde, wie man sie hier sonst hat, sondern Vollblüter. Drei schwarze Vollblüter.«

Meine Kopfhaut begann zu prickeln. Es war ein äußerst merkwürdiges Gefühl, so, als würde sich auf meinem Kopf eine Gänsehaut bilden und als würden sich meine Haare gleichzeitig nach oben bewegen.

Jetzt sah mir Herr Waldemar voll ins Gesicht und sagte ganz ruhig und völlig unvermittelt: »Du hast sie also gesehen?«

Noch ehe ich mich von meiner Überraschung erholt hatte und etwas erwidern konnte, nickte er und murmelte: »Dacht ich's mir doch. Seltsam – nach all der Zeit … Aber es ist wohl gar nicht so verwunderlich. Du bist im gleichen Alter, wie ich es damals war.«

»Haben Sie sie auch gesehen?«, fragte ich und merkte, dass ich unwillkürlich flüsterte.

»Ja«, sagte er. »Vor langer Zeit, als ich vierzehn oder fünfzehn war. Sie standen jeden Morgen vor Sonnenaufgang dort oben; einen Sommer lang habe ich sie beobachtet.«

»Und dann?«

»Ich habe sie seitdem nie wieder gesehen. Vermutlich war ich dann über das Alter hinaus, in dem man offen für solche Dinge ist. In der Pubertät haben junge Menschen manchmal das Zweite Gesicht, heißt es.« Er strich sich über die Stirn. »Willst du mir erzählen, was du beobachtet hast?«

Ich sagte es ihm. Er hörte still zu, nickte dann und wann und erklärte, alles sei genauso, wie er es in Erinnerung hätte.

»Aber was ist mit diesen Pferden?«, fragte ich voller Ungeduld. »Warum sieht man sie dort oben? Sie sind doch nicht wirklich da, oder?«

»Nein«, erwiderte Herr Waldemar. »Nicht wirklich. Einst waren sie dort und ich weiß nicht, was sie an diesen Ort bindet. Vielleicht das schreckliche Ende, das sie genommen haben.«

Unsere Blicke kreuzten sich und er fügte mit trauriger Stimme hinzu: »Sie sind in ihrem Stall verbrannt. Was genau geschah und warum das Feuer ausbrach, ist bis heute nicht bekannt. Grether muss wohl versucht haben, seine Pferde zu retten, und vermutlich war der Stall versperrt. Damals trieb nämlich eine Bande von Viehdieben ihr Unwesen in dieser Region.«

Er seufzte. »Jedenfalls fand man Grethers verkohlte Leiche vor dem Stalltor, und das, was von den Pferden noch übrig war, unter dem eingestürzten Gebälk. Sie sind alle bei diesem Feuer ums Leben gekommen.«

Jan, dem ich noch am gleichen Abend erzählte, was ich erfahren hatte, versuchte mich dazu zu überreden, am folgenden Morgen vor Einbruch der Dämmerung zum Rappensprunghof zu gehen.

»Das schauen wir uns an!«, sagte er. »Du, wenn das echte Geisterpferde sind und wir könnten sie aus der Nähe sehen – das wär doch absolut galaktisch …«

Sosehr er auch auf mich einredete, ich weigerte mich mitzukommen. »Wir müssten schon um vier Uhr losgehen und in der Dunkelheit durch den Wald tapern«, wandte ich ein. »Ich hab keine Lust, mich zu verirren wie Hänsel und Gretel.«

»Wir nehmen eine Taschenlampe mit.«

»Und dann ist auf halbem Weg die Batterie leer. Nein danke, ohne mich.«

Doch das war nicht der wirkliche Grund für meine Weigerung. Natürlich beschlich mich ein leichtes Grauen, wenn ich mir vorstellte, dort auf dem Rappensprung zu stehen, während die Sonne langsam hinter dem Hügel heraufkam, und die drei Pferde zu beobachten, die wie Schemen aus der Morgendämmerung auftauchten. Vor allem aber empfand ich eine Art Scheu, als wäre dieses Schauspiel etwas, woran ich nicht rühren sollte, niemand – als dürfte es nur aus der Ferne beobachtet werden.

»Dann gehe ich eben allein«, sagte mein Bruder schließlich. »Oder nein, ich fahr mit dem Bike.«

Ich erklärte ihm, es sei zu gefährlich, in der Finsternis über die holprigen Waldwege zu fahren, warnte ihn, dass das Licht der Fahrradlampe nicht ausreichen, dass er unweigerlich stürzen und dann verletzt und hilflos irgendwo im Wald liegen würde. Und obwohl er es nicht zugab, merkte ich doch, dass ich ihn unsicher gemacht hatte.

Zum Glück fuhr Jan am nächsten Morgen nicht zum Rappensprung; auch nicht in der zweiten Ferienwoche. Wir beobachteten die Pferde nur noch ein einziges Mal.

Dann wurde das Wetter trüb und regnerisch und die Hügelkämme über dem Wald verschwanden hinter einer dunkelgrauen Wolkenwand.

Erst drei Jahre später verbrachten wir wieder einen kurzen Urlaubs in »Waldemars Ruh« – meine Eltern, Jan und ich. Timmy war mit den Pfadfindern unterwegs. Damals wurde Jan siebzehn und ich hatte gerade das Abitur gemacht. Doch obwohl das Wetter in dieser Woche sonnig und klar war, obwohl ich ein eigenes Fernglas mitgebracht hatte und gemeinsam mit Jan jeden Morgen vor Sonnenaufgang am Fenster stand, sahen wir dort auf dem Hügel nur noch den dunklen alten Hof stehen, der zunehmend verfiel. Die drei schwarzen Pferde zeigten sich nicht mehr.

Immer rundherum

»Vergiss es«, sagte Ollie. »Der ist längst hinüber. So ein Hoppelbein lebt doch nicht ewig.«

Maltes Gesicht verschloss sich. »Ein Pony kann dreißig Jahre alt werden«, entgegnete er. »Als ich Jacko bekam, war ich fünf und er vier. Vier Jahre später haben sie ihn weiterverkauft. Und jetzt bin ich siebzehn. Also kannst du dir ausrechnen, dass Jacko gerade mal ein Jahr jünger ist als ich.«

»Und wozu die ganze Action?« Ollie sah ihn gelangweilt an. »Deine Alten sollen dir ein richtiges Reitpferd kaufen, wenn du schon unbedingt durch die Pampa galoppieren musst. Was willst du mit einem Shetlandpony? Das ist was für Kids, es war doch schon vor acht Jahren zu klein für dich. Deshalb haben sie's ja verscheuert.«

Malte dachte, dass es sinnlos war, weiter mit Ollie darüber zu reden. Er verstand sowieso nichts. Jedenfalls nicht, dass es um Jacko ging, dieses eine, einmalige Pony, nicht um irgendein Reitpferd, auch nicht ums Reiten. Er kapierte es nicht; vielleicht gab es überhaupt keinen, der das begriffen hätte.

Höchstens Jule. Sie hatte Jacko genauso geliebt wie er. Doch Jule lebte jetzt irgendwo in Norddeutschland, sie war in den vergangenen Jahren mehrmals mit ihren Eltern umgezogen. Er kannte nicht einmal mehr ihre letzte Adresse. Jule hätte es verstanden.

»Aber wenn du so wild auf diesen Jacko bist, warum hast du dann nicht schon längst versucht, ihn wieder zu finden?«, fragte Ollie und kaute heftig an seinem Kaugummi.

»Weil's nicht ging«, sagte Malte. »Seit wir in der Stadt leben, können wir kein Pony halten. Wo denn? In der Tiefgarage vielleicht? Aber jetzt hat Großvater mir sein Häuschen in Schönrain vererbt. Und ein bisschen Geld – alles, was er so zusammengespart hatte.«

»Mann, du hast mehr Glück als Verstand! Warum haben immer die falschen Typen die Kohle? Wenn ich du wäre, würde ich mir eine Harley kaufen.«

»Darauf wär ich nie gekommen«, sagte Malte spöttisch. »Aber die Menschen sind halt verschieden. Und ich würde Jacko nicht gegen tausend Motorräder eintauschen.«

Ollie tippte sich an die Stirn, sagte aber nichts mehr.

Jetzt kam Maltes Bus. Sie trennten sich mit einem Nicken. Ollie sah Maltes schmalem Rücken in dem alten Trenchcoat nach und dachte, dass er ein unverbesserlicher Spinner war. Was für ein Heckmeck wegen so einem komischen Hottehü, das vorn Heu fraß und hinten runde braune Eumel herausschiss! Er stieß einen angeekelten Seufzer aus und trollte sich in Richtung U-Bahn-Haltestelle.

»Ihr müsst euch doch erinnern!«, sagte Malte beim Abendessen beschwörend. »Ihr müsst doch wissen, wie die Leute geheißen haben. Und schließlich habt ihr auch einen Kaufvertrag mit ihnen abgeschlossen. Wo ist der hingekommen?«

Die Antwort war immer dieselbe, mit geringfügigen Abwandlungen. »Der ist verschwunden, das weißt du doch«, erwiderte Maltes Vater. »Es gab einen Vertrag, ja, aber er ist irgendwie verloren gegangen – damals beim Umzug vermutlich.«

»Ich kapier wirklich nicht, wieso ihr Jacko einfach verkauft habt«, murmelte Malte. Auch darüber hatten sie schon sehr oft gesprochen. »Ihr hättet mich fragen müssen. Eines Tages war er einfach weg.«

Malte hing an seinen Eltern, aber das war etwas, was er ihnen nicht verzeihen konnte. Die beiden sahen ihn schuldbewusst an.

»Du warst zu groß und zu schwer für das Pony«, verteidigte sich sein Vater. »Du konntest nicht mehr damit reiten, weißt du das nicht mehr?«

»Aber man verkauft ein Tier doch nicht einfach, nur weil's zu klein geworden ist, so, wie man eine Hose hergibt, aus der man rausgewachsen ist!«, wandte Malte hitzig ein.

»Außerdem wussten wir, dass wir nicht mehr lang bei

Großvater auf dem Land wohnen konnten. Er hätte das Pony nicht allein versorgen können. Und in die Stadt konnten wir es unmöglich mitnehmen.« Das kam von seiner Mutter.

Eine Weile schwiegen sie. Maltes Mutter starrte mit gerunzelter Stirn über den Tisch. »Ich komme einfach nicht auf ihren Namen«, sagte sie. »Gestern ist mir eingefallen, dass es irgendwas mit Vogel war. Und sie wohnten in einer kleinen Stadt, die Nanthofen hieß.«

»Nachtigall?«, schlug Malte vor. »Sperling? Kuckuck? Huhn?«

Seine Mutter lachte. »Nein, es hatte was mit Gezwitscher zu tun. Oder Pfeifen.«

»Tirili?«, sagte Maltes Vater.

»Unsinn! Nein, stört mich nicht, wartet doch mal, jetzt hab ich's gleich ... Gezwitscher, Pfeifen ... Vogelsang, das war's! Sie hießen Vogelsang!«

Malte starrte sie an wie eine Geistererscheinung. Dann sprang er so ungestüm auf, dass sein Stuhl umkippte, und küsste seine Mutter. Eine Sekunde später war er am Telefon und nahm den Hörer ab.

»Wen willst du anrufen?«, fragte sein Vater.

»Die Auskunft natürlich«, sagte Malte.

Seine Eltern wechselten einen Blick. Wenn der sich was in den Kopf gesetzt hat!, sagten die Augen von Maltes Mutter und ihr Mann murmelte: »Das Tier lebt doch längst nicht mehr. Das gibt eine Riesenenttäuschung für den Jungen ...«

»Die Leute wohnen nicht mehr in Nanthofen«, erklärte Malte, nachdem er aufgelegt hatte. »Jedenfalls haben sie bei der Telefonauskunft keinen Eintrag unter diesem Namen.«

»Sie sind sicher längst weggezogen.«

»Gleich morgen früh ruf ich bei der Gemeinde an«, sagte Malte entschlossen. »Die müssten wissen, wohin die Vogelsangs gezogen sind. Oder vielleicht haben sie einen Nachsendeantrag bei der Post gestellt.«

»Nachsendeanträge laufen für gewöhnlich nur ein halbes Jahr«, wandte sein Vater ein.

Malte schlief schlecht in dieser Nacht. Jetzt hatte er endlich eine heiße Spur und schon schien sie wieder im Sand zu verlaufen. Er starrte in die Dunkelheit und kämpfte mit der Befürchtung, dass man bei der Gemeinde von Nanthofen den neuen Wohnsitz der Vogelsangs nicht kannte. So war es dann auch. Als er am nächsten Morgen gleich um acht dort anrief – die Nummer hatte er von der Auskunft bekommen –, erklärte ihm ein Beamter, die Familie Vogelsang sei schon vor fünf Jahren »verzogen«, wie er das nannte.

»Früher haben sie in der Berghammerstraße gewohnt«, sagte er, nachdem er in einer Akte nachgesehen hatte. »Nein, ihr jetziger Wohnort ist uns nicht bekannt.« Immerhin gab er Malte noch die Nummer des zuständigen Postamts.

Von der Postbeamtin erfuhr Malte, dass es keinen Nachsendeantrag auf den Namen Vogelsang gab. Sie riet ihm, nachmittags noch einmal anzurufen und mit dem Zusteller der Berghammerstraße zu sprechen.

»Es besteht eine kleine Chance, dass er sich erinnert, wohin die Vogelsangs gezogen sind«, meinte sie. »Allzu große Hoffnungen sollten Sie sich allerdings nicht machen. Aber immerhin hat der Zusteller in den letzten Jahren seinen Bezirk nicht gewechselt, das ist schon mal ein Pluspunkt.«

Gleich nach Schulschluss rief Malte wieder beim Postamt an. Der Briefträger hieß Maier und war misstrauisch. Er wollte wissen, wozu Malte die neue Adresse der Vogelsangs so dringend brauchte.

Malte erzählte in Kurzfassung die Story von Jacko, dem Shetlandpony, das an die Vogelsangs verkauft worden war. Herr Maier schien ihm zu glauben und wurde merklich freundlicher.

»Ach so«, sagte er. »Ja, ein Pony hatten die mal, daran erinnere ich mich. Ihr neuer Wohnsitz ist mir allerdings leider nicht bekannt.«

Malte schluckte. Was sollte er jetzt machen? Der Postbote war seine letzte Hoffnung gewesen. Doch Herr Maier redete schon weiter.

»Ich glaube aber, das Haus in der Berghammerstraße gehört ihnen noch«, meinte er. »Kann sein, dass ich mich irre, aber möglich wär's. Das würde bedeuten, dass die Familie, die jetzt dort wohnt, die neue Adresse kennen müsste – vorausgesetzt, die Vogelsangs sind wirklich ihre Vermieter.«

Malte hätte ihn umarmen können. Die Leute, die jetzt in der Berghammerstraße Nummer 12 wohnten, hießen Quinn. Wieder rief Malte bei der Auskunft an, bekam die Telefonnummer der Quinns und versuchte am Nachmittag mehrmals, sie zu erreichen, doch keiner ging ans Telefon.

Erst abends hatte er Glück. Eine Männerstimme meldete sich und sagte, ja, die Vogelsangs wären ihre Vermieter. Als Malte von Jacko erzählte, erwiderte Herr Quinn, von einem Pony wüsste er nichts, gab Malte aber die neue Telefonnummer der Vogelsangs. Sie wohnten jetzt in der Nähe von Flensburg.

»Ich glaube aber, sie sind gerade verreist«, sagte Herr Quinn noch. »Da oben sind ja jetzt schon Schulferien und sie wollten dieses Jahr nach Irland fliegen.«

Malte unterdrückte ein Stöhnen. Trotzdem wählte er an diesem Abend ungefähr ein dutzend Mal die Nummer, die Herr Quinn ihm gegeben hatte – umsonst. Auch an den folgenden Abenden meldete sich bei den Vogelsangs niemand.

Eine Woche später begannen auch in Bayern die Ferien. Malte hatte beschlossen, nicht mit seinen Eltern Urlaub in Schweden zu machen, sondern sofort nach Schönrain zu fahren, in das kleine alte Haus, das sein Großvater ihm vererbt hatte.

»Ich möchte die Fenster streichen«, sagte er. »Und den Stall in Ordnung bringen. Und der Garten ist bestimmt schon ein totaler Dschungel.«

Sein Vater brachte ihn zum Bahnhof. »Meinst du nicht, dass es dir zu einsam werden wird da draußen in der Pampa?«, fragte er beim Abschied.

Malte lachte. »Nein, du – es gibt massenhaft Arbeit. Und vielleicht ist ja auch Jacko bald wieder bei mir.«

»Mach dir nicht zu große Hoffnungen, Junge.« Sein Vater winkte ihm nach, seufzte und sagte zu Hause zu seiner Frau: »Malte hat sich da in etwas verrannt, fürchte ich.«

»Seltsam, dass er so an dem Pony hängt. Wir hätten es damals nicht verkaufen dürfen«, erwiderte sie. »Irgendeine Möglichkeit hätte sich schon gefunden, es unterzubringen, bei einem Bauern oder so.«

Maltes Vater nickte. »Ja, es war wohl ein Fehler. Wir haben nicht begriffen, wie sehr der Junge Jacko geliebt hat.«

Werktags fuhren vier Busse nach Schönrain, zwei morgens und zwei am Nachmittag. Der Fahrplan hatte sich in den letzten Jahren kaum geändert. Malte erwischte den Fünfuhrbus, der vor dem Bahnhof wartete. Sie fuhren ein Stück über die Autobahn und dann auf Landstraßen, die sich durch Waldstücke und Dörfer schlängelten. Ein rötlicher Schein lag über den fernen Bergkuppen. In einem kleinen, von Schilf fast zugewachsenen See badeten Kinder und in den Biergärten saßen die Leute im Schatten der Kastanienbäume.

Malte sah in die immer vertrauter werdende Landschaft hinaus; so wenig hatte sich hier verändert. Sein Herz schlug schneller, als er die Kirche von Schönrain auftauchen sah. Sie stand auf einer Anhöhe, eine weiß gekalkte Bilderbuchkirche mit einem Wetterhahn auf dem Turm.

Jetzt kannte er jedes Wäldchen, jeden Bachlauf – hier war er mit Jule und Jacko im Sommer durchs Wasser gewatet und im Dickicht hinter dem Weiher hatten sie Himbeeren gepflückt, so süß, wie er sie später nie mehr gegessen hatte, und sicher voller Maden.

Und auf der Wiese, die an die Talsenke grenzte, hatte Jacko das saftigste Gras gefunden, vermischt mit bunten Wiesenblumen. In seiner Kindheit war es Malte selbstverständlich erschienen, dass die Wiesen hier voller Schlüsselblumen und Lichtnelken, Margeriten und Wiesensalbei waren.

Der Bus hielt vor dem Gasthaus »Jagerwirt«. Es roch genau wie früher, nach Kuhmist und Heu und Silofutter und nach Schweinebraten. Malte ging mit seinem Rucksack den Hügel hinauf, an der Kirche vorbei. Ein Trupp Urlauber mit karierten Hemden und Wanderstecken begegnete ihm, doch keiner von den Dorfleuten. Malte dachte, dass sie ihn wohl auch nicht wieder erkennen würden, wenn sie ihn sahen, denn er war lange nicht mehr hier gewesen.

Das Haus seines Großvaters lag am Rand des Dorfes, verborgen hinter Bäumen und einer dichten Hecke aus Schlehen, Weißdorn und Fliederbüschen. Es war ein kleines Backsteinhaus mit blau gestrichenen Fensterläden, einem spitzen Dach mit roten Schindeln und zwei unverhältnismäßig großen Kaminen. Jetzt, im Sommer, wo alles so üppig wuchs, versank es förmlich im hohen Gras und den Brombeerranken, die sich überall breit machten. Brennnesseln überwucherten den Gartenpfad.

Malte öffnete die Pforte. Die rostigen Angeln quietschten. Ein Hauch von Verlassenheit umgab das alte Haus mit den geschlossenen Läden. Die Brombeerranken hatten schon das Stalldach erreicht.

Malte dachte, dass er eine Machete brauchen würde, um durchzukommen, so wie man sie im Urwald benutzte, um sich Wege zu bahnen.

Im Haus roch es muffig. Der alte Bauer, der hier ab und zu nach dem Rechten gesehen, das Haus gelüftet und Gras und Unkraut mit der Sense abgemäht hatte, war inzwischen selbst pflegebedürftig. Maltes Großvater hatte die letzten Jahre in einem Seniorenheim verbracht, bis er im Juni an einem Schlaganfall gestorben war. Keiner wusste so recht, warum er sich immer geweigert hatte, sein Haus zu vermieten oder zu verkaufen.

Malte klappte die Läden zurück und öffnete die Fensterflügel weit. Der Strom war abgestellt, doch darauf war er eingerichtet. Er hatte einen Vorrat Kerzen mitgebracht und es gab einen alten Herd, den er mit Holz beheizen konnte, um sich etwas zu kochen.

In seinem ehemaligen Kinderzimmer unter dem Dach war alles wie früher. Über dem Bett hing noch immer die

Bleistiftzeichnung, die er als kleiner Junge von seinem Pony gemacht hatte. Es sah mehr aus wie eine Kreuzung zwischen einem Grisli und einem Hund, aber trotzdem erinnerte ihn irgendetwas an der Haltung des dicken Kopfes unter der struppigen Mähne auf seltsame Weise an Jacko, an seine etwas eigensinnige, aber zugleich unwiderstehlich treuherzige Art.

Das spitzbogige Fenster war jetzt von wildem Wein überrankt. Malte steckte eine Kerze in den Leuchter, der auf dem Nachttisch stand, und schichtete seine Jeans, T-Shirts, Sweatshirts und den irischen Pulli in die Kommodenschublade. Dann ging er nach unten und zog Großvaters Wanduhr auf, die zwei Messinggewichte hatte und so laut tickte, dass man sie im ganzen Haus hören konnte. Es war kurz vor sieben.

Für Malte war es eine seltsame Erfahrung, in dem einsamen Haus zu schlafen, zum ersten Mal ganz allein, ohne Großvater, ohne seine Eltern. Doch er erkannte die Geräusche des Hauses wieder und auch die hallenden Schläge der Kirchturmglocke aus dem Dorf.

Immer wieder schlief er ein und immer wieder wachte er auf, lauschte auf das Knarren des Gebälks, das Huschen der Mäuse unter dem Dach, den Schrei eines Käuzchens im nahen Wald, und er dachte an Jacko.

Der Stall war in Ordnung, den hatte er sich abends noch angesehen, hatte die Brombeerranken und Brennnesseln mit einer Sichel notdürftig entfernt und die Tür geöffnet. Da waren der steinerne Futtertrog und das abgetretene Pflaster. Das Fenster war nicht zerbrochen, die dunklen Holzwände der Box wirkten stabil wie eh und je. Reste von altem Heu hingen noch aus der Luke, die zum Heuboden führte. Und noch immer roch es nach Jacko.

Ich muss ihn finden!, dachte Malte. Irgendwo gibt es ihn noch, ich weiß es genau. Vielleicht braucht er mich ja …

Er war froh, als der Morgen dämmerte. Barfuß tappte er in den taufeuchten Garten hinaus, der frisch und strahlend im Morgenlicht lag. Vögel sangen. Ein Falter taumelte über die Rosen, die sich zwischen den Brennnesseln behauptet hatten und ihre duftenden Köpfe der Sonne entgegenstreckten.

Mit einem Glas Milch setzte sich Malte auf die Türschwelle und aß ein Käsebrot dazu. Er hatte sich vorgenommen, gegen neun ins Dorf zu gehen und von der Telefonzelle aus bei den Vogelsangs anzurufen. Irgendwann mussten sie ja von ihrem Urlaub zurückkommen. Jetzt aber war es noch zu früh. Malte nahm eine Hacke und begann den Gartenpfad freizulegen.

Er hatte vergessen, Arbeitshandschuhe mitzubringen. Immer wieder verbrannte er sich die Hände an den Brennnesseln, aber er ließ sich nicht abschrecken. Verbissen schuftete er und sah erst auf, als die Kirchturmuhr neunmal schlug.

Jemand stand vor der Gartenpforte. Einen Augenblick

lang dachte Malte, die Morgensonne hätte ihm ein Trugbild vorgegaukelt. Er beschattete die Augen mit der Hand. Da stand das schlanke Mädchen noch immer. Es war Jule.

»Hallo«, sagte sie, so gelassen, als hätten sie sich erst gestern getrennt. »Ich hätte schwören können, dass du hier bist!«

Dann saßen sie im hohen Gras unter dem Apfelbaum und tranken Saft, den Jule mitgebracht hatte. Sie erzählte, dass sie jetzt in Bremen wohnte und hergekommen war, um die Ferien bei ihrer Tante zu verbringen, die noch im Dorf lebte; und Malte sagte, dass er Großvaters Haus geerbt hatte. Doch das wusste Jule bereits von ihrer Tante.

Sie hatte sich nicht sehr verändert. Klar, sie war erwachsener geworden. Sie war jetzt siebzehn, genau wie er. Doch sonst entsprach alles dem Bild, das er in Erinnerung hatte: ihre runden braunen Augen, die hohen Wangenknochen mit den Sommersprossen, der etwas zu groß geratene Mund, das glänzende, glatte, rot-braune Haar. Sie trug es jetzt nach hinten gekämmt und im Nacken zu einem dicken Zopf geflochten und das stand ihr gut, fand Malte. In ihrem rechten Ohr baumelte ein Ohrring mit einem grünen Stein.

Die alte Vertrautheit stellte sich rasch wieder ein. Dass sie sich so lange nicht gesehen und einander in den letzten beiden Jahren auch nicht mehr geschrieben hatten, spielte keine Rolle. Malte redete von Jacko und Jule verstand, worum es ging.

»Klar«, sagte sie. »Du musst ihn wieder finden. Ich helfe dir.«

Zusammen gingen sie ins Dorf. Und als wäre durch Jules Auftauchen ein Bann gebrochen, nahm diesmal bei den Vogelsangs endlich jemand das Telefon ab, schon nach dem zweiten oder dritten Anläuten – eine Frau, die äußerst überrascht wirkte, als Malte nach Jacko fragte.

»Ach, das Pony, das wir mal für unsere Evi gekauft haben?«, sagte sie. »Das ist aber schon eine Ewigkeit her ... Nein, natürlich haben wir es nicht mehr. Evi hat jetzt ein richtiges Reitpferd, einen Araber.«

»Und Jacko?« Malte spürte, dass sein Mund vor Aufregung ganz trocken war, während Jule dicht neben ihm stand und mitzuhören versuchte.

»Den haben wir natürlich verkauft«, sagte Frau Vogelsang.

Malte schluckte schwer. Ja, das war es, was er befürchtet hatte ... jeder hatte das Pony wie ein Möbelstück behandelt, das nicht mehr passt und bedenkenlos weitergegeben wird.

»Und an wen? Können Sie mir die Adresse des neuen Besitzers geben?«

Sie antwortete nicht sofort. Malte wartete mit hämmerndem Herzen. Wenn sie Jacko nur nicht auf einen dieser grausamen Schlachttransporte geschickt hatten ... »Tut mir Leid, ich kann mich nicht erinnern«, sagte sie dann. »Mein Mann müsste es wissen. Ich hole ihn mal ans Telefon; einen Moment, bitte.«

Jule und Malte wechselten einen Blick. »Ich werfe noch mal fünf Mark ein«, sagte Jule. In ihren Augen stand ein Ausdruck, den er von früher kannte – eine Mischung aus Zorn und Trauer.

Jetzt kam Herr Vogelsang an den Apparat. Er erklärte, er müsste in seinen Unterlagen nachsehen, es sei schon so lange her, dass sie das Pony verkauft hätten. Irgendwo in seinem Schreibtisch müsse der Vertrag liegen. Ob Malte gegen Mittag noch mal anrufen könne?

»Wenigstens haben sie Jacko nicht an einen Abdecker verhökert«, murmelte Malte auf dem Rückweg zum Haus seines Großvaters.

Jule nickte nur. Sie sprachen beide nicht aus, was sie dachten: dass es sich erst herausstellen würde, durch wie viele Hände der arme Jacko gegangen war, und ob er überhaupt noch lebte.

Punkt zwölf riefen sie wieder bei den Vogelsangs an. Herr Vogelsang hatte Wort gehalten und seine Unterlagen durchgesehen.

»Wir haben das Pony an einen gewissen Erwin Haushofer verkauft«, sagte er. »Das war vor zwei Jahren.«

Malte umklammerte den Hörer so fest, dass seine Fingerknöchel weiß hervortraten. »Können Sie mir die Adresse geben?«, fragte er. »Und die Telefonnummer?«

»Ich habe hier zwar eine Adresse, aber ich fürchte, dass Herr Haushofer dort nur in den Wintermonaten zu erreichen ist. Er ist Schausteller und die Hälfte des Jahres unterwegs. Das hat er uns damals erzählt.«

Malte erschrak. Schausteller! Doch er ließ sich die Adresse geben und wiederholte sie, damit Jule sie auf einen Zettel schreiben konnte.

»Verdammter Mist!«, sagte auch Jule, als sie hörte, wer Jackos neuer Besitzer war. »So ein Scheißdreck!« Sie konnte recht unvornehm werden, wenn ihr etwas nahe ging; das war schon immer so gewesen. »Glaubst du, was ich glaube?«

Malte nickte. »Ponykarussell«, sagte er nur.

Sie wussten beide, was das bedeutete – dass Jacko zusammen mit anderen Ponys wie ein Galeerensträfling tagaus, tagein im Kreis gehen musste, mit ungeschickten und nicht immer sehr mitfühlenden Kids auf dem Rücken, im Lärm und Trubel von Jahrmärkten, viele Stunden, oft ohne längere Pause, um auszuruhen oder zu trinken. Doch sie redeten nicht darüber. Jetzt war keine Zeit für Gejammer. Sie mussten herausfinden, wo dieser Schausteller gerade war, mussten ihn aufspüren und Jacko dort wegholen – falls es Jacko noch gab.

Fast eine Stunde lang telefonierten sie. Zwischendurch machten sie die Telefonzelle immer wieder für Leute frei, die draußen warteten; und Jule ging zum Lebensmittelhändler und ließ Geld wechseln, damit sie genügend Fünfmarkstücke hatten.

In der Stadt, in der Erwin Haushofer im Winter wohnte, gab es keinen Eintrag über einen Telefonanschluss. Doch der Mann von der Vermittlung war freundlich und geduldig und suchte so lange in seinem Computer, bis er die Telefonnummer des Schaustellerverbandes fand. Dort kannte man Herrn Haushofer, obwohl er nicht Mitglied war. Allerdings wusste keiner, wo er sich zur Zeit aufhielt. Er war tatsächlich Besitzer eines Ponykarussells.

»Im Augenblick gibt es neun Jahrmärkte, die in Frage kommen«, sagte die Verbandssekretärin und zählte mehrere Städte und Ortschaften auf. »Ich kann Ihnen die Telefonnummern geben, unter denen die jeweiligen Jahrmarktveranstalter zu erreichen sind. Da können Sie anrufen und fragen, ob Herr Haushofer unter den Schaustellern ist.«

Von vier Veranstaltungsbüros bekam Malte die Auskunft, ein Karussellbesitzer Haushofer sei nicht auf ihrer Liste, doch beim fünften Versuch hatte er Glück. Der Jahrmarkt, für den Haushofers Ponykarussell gemeldet war, fand in einer Kleinstadt in Oberfranken statt. Malte war durchgeschwitzt und ziemlich fertig, als er endlich den Hörer auflegte.

Sie sahen in einer Reisekarte nach, die Jules Tante noch von ihrem geschiedenen Mann in einer Schublade liegen hatte, und schätzten die Entfernung auf vier- bis fünfhundert Kilometer.

»Morgen früh fahren wir los«, sagte Jule, als wäre es die selbstverständlichste Sache der Welt, dass sie mitkam. »Der Bus geht kurz nach sieben. Auf dem Bahnhof sehen wir dann schon, wie wir weiterkommen. Oder sollen wir trampen?«

Doch dazu hatte Malte keine Lust. »Wer weiß, wie lang das dauert«, erwiderte er. »Ich habe keinen Bock, tagelang unterwegs zu sein und an irgendwelchen Autobahnausfahrten rumzuhängen. Mit der Bahn geht's am schnellsten, selbst wenn wir ein paar Mal umsteigen müssen.«

Die Hinfahrt war nicht das Problem, das wussten sie. Die Frage war, wie sie die Rückfahrt schaffen sollten – falls sie Jacko dann bei sich hatten. Wenn es ihn noch gab, wenn er noch transportfähig war, wenn dieser Karusselltyp überhaupt bereit war, ihn zu verkaufen …

Malte schlief so gut wie gar nicht in dieser Nacht. Immer wieder stand er auf, ging zum Fenster und sah durch die Blätter des wilden Weins in den mondhellen Garten hinaus. In die Freude, Jacko endlich aufgespürt zu haben, mischte sich Angst. Nur gut, dass Jule wieder da war, dass sie mitkommen wollte, dass er alle Probleme, aber auch die Freude, die ihn vielleicht erwartete, mit ihr teilen konnte.

Um sieben trafen sie sich mit ihren Rucksäcken an der Bushaltestelle. Sie hatten etwas Proviant dabei, dazu ein paar Klamotten; vielleicht waren sie ja länger unterwegs als geplant.

»Hast du genügend Geld?«, fragte Jule, während sie in den Bus stiegen. »Für Jacko und die Transportkosten, meine ich.«

Malte nickte. Er war weiß um die Nase, genau wie

früher, wenn er sich aufregte. »Großvater hat mir ein bisschen Kohle vererbt«, sagte er.

Die Verbindung war gut. Sie mussten nur zweimal umsteigen, in München und in Würzburg. »Aber wie willst du Jacko versorgen, wenn die Ferien vorbei sind?«, fragte Jule auf der Fahrt. »Du musst doch wieder zur Schule und kannst nicht in Schönrain bleiben.«

»Ich hab mir überlegt, dass ich das letzte Schuljahr in Wasserburg machen könnte«, sagte Malte. »Dann kann ich in Großvaters Haus wohnen. Die Busverbindung ist ganz gut. Und irgendwann mach ich auch den Führerschein und kaufe mir ein altes Auto.«

Jule sah ihn nachdenklich an. »Echt? Und das alles wegen Jacko?«

»Nicht nur seinetwegen. Mir stinkt die Großstadt schon lang. Ich find's schöner auf dem Land. Es würde mir gefallen, in Großvaters Haus zu leben. Ich wollte nie von Schönrain weg, weißt du.«

Sie nickte. »Und nach dem Abi?«, fragte sie.

»Ich bin noch nicht sicher. Vielleicht mach ich eine Ausbildung zum Verlagsbuchhändler. Dazu muss man nicht unbedingt in der Großstadt wohnen. Oder ich werde Gärtner. Studieren will ich jedenfalls nicht.«

Eine Weile schwiegen sie. Dann sagte Malte: »Und du? Bist du gern in Bremen? Hast du vor, da zu studieren?«

Jetzt lachte Jule und schüttelte heftig den Kopf. »Nein, du, bestimmt nicht! Da bleib ich keinen Augenblick länger als unbedingt nötig. Ich hab auch schon überlegt, ob ich wieder nach Schönrain zurückgehe. Tante Mona würde mich bei sich wohnen lassen. Wir kommen gut miteinander klar. Sie lässt mir meine Freiheit und wir mögen uns. Aber so kurz vor dem Abi die Schule wechseln, das bringt zu viel Stress. Bis ich das geschafft habe, bleibe ich jedenfalls noch in Bremen bei meinen Eltern.«

In Bamberg gab es einen Bus, der nachmittags um drei losfuhr; sie erwischten ihn in letzter Minute. Als sie in der kleinen oberfränkischen Stadt ankamen, war es kurz nach vier.

Der Rummelplatz war nicht schwer zu finden. Im Umkreis von mehreren Kilometern war die Luft erfüllt vom Geruch der Bratwürste, der gebrannten Mandeln und Steckerlfische, von Lärm und Musik, und über den verwitterten Dächern sah man die Gondeln eines Riesenrads.

Malte und Jule gingen durch die Fußgängerzone, schnell und immer schneller, bis sie beinahe liefen.

»Versuch, diplomatisch zu sein, ja?«, bat Jule atemlos, als sie an der Kirche vorüberkamen. »Auch wenn's dir noch so stinkt, geh bloß nicht zu aggressiv mit diesem Typen um, sonst gibt er uns Jacko nicht.«

Der Festplatz war auf einer Wiese, die an eine Neubausiedlung mit Reihenhäusern und Gärtchen grenzte. Lautsprecheranlagen verbreiteten dröhnende Discomusik. Eine Achterbahn rumpelte und ratterte. Von der

Geisterbahn kamen heulende Schreie und über dem Steckerlfischzelt stieg Rauch auf.

Noch waren nicht viele Besucher zwischen den Buden und Fahrbetrieben unterwegs. Kinder mit Luftballons und Zuckerwatte und genervte Eltern verstellten Jule und Malte den Weg. Ein paar Jugendliche, die zu viel getrunken hatten, lungerten grölend vor der Autoscooterbude herum.

»Mann, ist das alles widerlich! Echt abartig!«, stieß Malte zwischen den Zähnen hervor und vergaß ganz, wie gern er selbst als kleiner Junge über den Jahrmarkt gegangen war.

Am Rand des Festplatzes war das Ponykarussell aufgebaut. Aus einem Lautsprecher dudelte Musik. Unter dem roten, mit glitzernden Hufeisen bemalten Dach trotteten acht Ponys im Kreis. Jedes trug ein Kind auf seinem Rücken.

Sie gingen mit hängenden Köpfen, erschöpft und abgestumpft. Malte und Jule waren in einiger Entfernung stehen geblieben und sahen zu. Unwillkürlich nahm Jule Maltes Hand und hielt sie fest, als wollte sie ihn trösten und stärken oder selbst Trost und Stärke bei ihm suchen.

»Da ist er!«, sagte Malte leise.

Ja, Jacko war unter ihnen, eine ausgepumpte, apathische kleine Gestalt, die wie ein Automat im Kreis ging, immer rundherum, ohne ein einziges Mal den Kopf zu heben oder die Ohren zu spitzen. Ein ziemlich großer Junge saß im Sattel. Seine Füße streiften den Boden und er versuchte Jacko anzutreiben, indem er ihm mehrmals mit den Absätzen gegen die Hinterbeine schlug.

Der Karussellbetreiber, ein kräftiger, gedrungener Mann mit Schnurrbart, stand in der Mitte und sah unbeteiligt in die Ferne. Er hatte die Lippen gespitzt, als würde er pfeifen, doch man hörte nur die Musik und das keuchende Atmen der Ponys.

Malte machte eine heftige Bewegung, als wollte er losstürmen, aber Jule hielt ihn zurück. »Warte!«, flüsterte sie warnend. »Sei vorsichtig. Du darfst ihn nicht gegen uns aufbringen. Wart wenigstens noch, bis die Runde zu Ende ist.«

Malte sah ein, dass sie Recht hatte. Er konnte die Augen nicht von Jacko lösen. Jacko, sein geliebtes Pony, das einst so kräftig und lebhaft gewesen war, so liebenswert sturköpfig und voller Mutwillen; das so gern auf sommerlichen Wiesen unter schattigen Bäumen gegrast und im Bach seine Fesseln gekühlt hatte. Jacko, der am Morgen seines fünften Geburtstags in Großvaters Garten gestanden hatte, mit den großen braunen Augen unter der Stirnlocke und den hellen Flecken auf dem braunen Fell wie eine unreife, zu früh aufgeplatzte Kastanie …

Es war dasselbe Pony und doch völlig verändert. Verschwunden waren alle Kraft und Lebensfreude. Malte spürte, wie die Tränen heiß hinter seinen Augen aufstiegen, und hielt sie gewaltsam zurück. Er durfte jetzt nicht weinen; jetzt musste er stark und beherrscht und clever sein. Denn er würde nicht ohne Jacko von hier fortgehen, das war klar. Keine zehn Pferde würden ihn ohne Jacko von diesem verdammten Ort wegbringen!

Endlich war die Runde vorbei. Aber längere Pausen waren nicht eingeplant. Schon stand der nächste Schwung Kinder um das Karussell herum und drängte auf den Bretterboden, der mit Sägespänen bestreut war.

Hand in Hand gingen Malte und Jule näher, zwängten sich zwischen den Kindern durch bis zu dem Schnurrbärtigen, der gerade einem winzigen Mädchen in den Sattel half. Jacko war ein Stück entfernt und Malte zwang sich, nicht zu ihm hinzusehen, um nicht wieder die Fassung zu verlieren.

»Sind Sie Herr Haushofer? Können wir Sie einen Augenblick sprechen?«, hörte er Jule mit ihrer klingenden Stimme sagen.

Der Mann musterte sie misstrauisch. »Moment noch«, sagte er. »Gleich, wenn's losgegangen ist.«

Sie traten zurück. Der Geruch nach Pferdeschweiß, nach Erschöpfung und dumpfer Verzweiflung war durchdringend. Als alle Ponys mit Kindern beladen waren, als die Musik wieder zu dudeln anfing und die Tiere sich wie Roboter in Bewegung gesetzt hatten, kam der Karussellbesitzer zu ihnen, die Hände in den Hosentaschen.

»Seid ihr vielleicht wieder vom Tierschutz?«, fragte er. »Bei mir geht alles vorschriftsmäßig zu. Die Ponys haben alle paar Stunden eine Pause und werden anständig getränkt und gefüttert, dafür sorge ich schon.«

»Trotzdem sehen die Tiere ziemlich überfordert aus«, erwiderte Jule ruhig.

Herr Haushofer wurde sichtlich nervös unter ihrem forschenden, unbestechlichen Blick. »Aber vom Tierschutz sind wir nicht«, fügte sie hinzu. »Es geht um eines Ihrer Ponys.«

Sie schwieg. Malte holte tief Luft und sagte: »Das scheckige Shettie dort – es hat einmal mir gehört. Meine Eltern haben es vor einigen Jahren verkauft. Ich möchte es wiederhaben.«

Das war wohl nicht sehr diplomatisch formuliert, dachte er, doch irgendwie fand er keine anderen Worte. Der Karussellbesitzer starrte ihn an, während sich die Ponys mit ihrer Last zu den Klängen von »Ich will 'nen Cowboy als Mann« rundherum schleppten.

Rasch fuhr Malte fort: »Ich kaufe es zurück. Sagen Sie mir, wie viel Sie haben wollen.«

Jules Schulter berührte die seine. Einen Augenblick lang herrschte Schweigen, überdeckt von der fröhlich trällernden Stimme und dem schweren Atmen der Ponys. »Ihr wollt eines von meinen Ponys kaufen?«, fragte der Mann schließlich. Es klang verblüfft und unschlüssig.

»Ja«, sagte Jule. »Weil es sein Pony war, das er als Kind hatte. Er hat es geliebt, wenn Sie verstehen, was das heißt. Und er möchte, dass es noch ein paar gute Jahre hat, dass es nicht ausgebeutet wird wie ein Galeerensträfling, bis es vor Erschöpfung zusammenbricht und stirbt.«

»Meine Tiere werden nicht ausgebeutet!«, sagte der Schnurrbärtige.

»Was wollen Sie für Jacko haben?«, fragte Malte. Und er dachte: Wenn der Typ ihn nicht freiwillig hergibt, breche ich nachts bei ihm ein und entführe Jacko. Dann ist es halt eine kriminelle Handlung, meinetwegen. Ich kann ihm ja hinterher Geld schicken, ohne meinen Namen anzugeben …

»Jacko?«

»Das gescheckte Pony«, sagte Jule und deutete auf Jacko.

Jetzt war der Schlager abgespielt; damit endete auch diese Runde. Automatisch blieben die Ponys stehen. Herr Haushofer murmelte: »Ich muss mich ums Geschäft kümmern«, und kehrte Malte und Jule den Rücken zu.

Malte stieß einen leisen Pfiff aus. Jacko spitzte die Ohren. Wieder pfiff Malte durch die Zähne. Jacko wandte den Kopf.

»Er erinnert sich!«, sagte Jule. »Er hat deinen Pfiff wieder erkannt!«

Jetzt machte Jacko eine halbe Wendung, sodass er etwas aus dem Kreis der Ponys trat. Und kaum hatte Malte einen Fuß auf den Bretterboden mit den Sägespänen gesetzt, da stieß Jacko ein Wiehern aus, das durchdringend war wie ein Schrei.

Eine Stunde später wartete Malte mit Jacko unter einer Buche, ein Stück vom Rummelplatz entfernt. Jule war losgegangen, um bei einem der Schausteller, die ihre Wohnwagen in der Nähe geparkt hatten, einen Eimer Wasser für Jacko zu organisieren.

Müde stand Jacko im Schatten der Zweige, zu erschöpft, um am Gras zu zupfen. Malte streichelte ihn wieder und wieder.

»Alles wird gut«, murmelte er. »Jetzt wird alles gut. Wart nur, bis wir zu Hause sind!«

Er ließ sich auf der Wiese neben seinem Pony nieder. Plötzlich war er selbst so geschafft, als hätte er einen Marathonlauf hinter sich gebracht. Dabei war alles überraschend schnell und leicht gegangen. Malte hatte vierzehnhundert Mark für Jacko bezahlt, genau die Summe, die Herr Haushofer von ihm verlangte.

Er hatte nicht versucht zu handeln, hatte einfach nur die Geldscheine aus der Tasche gezogen und sie dem verdutzten Besitzer des Ponykarussells in die Hand gedrückt. Der hatte sicher kein schlechtes Geschäft gemacht. Jacko war eines von den älteren Ponys; er konnte ihn jetzt durch ein junges, unverbrauchtes Tier ersetzen.

Ja, Jacko war alt geworden. Sein Rücken hing durch, seine kleinen Hufe sahen schlimm aus. Ein Hufeisen fehlte und das rechte hintere Fesselgelenk war geschwollen. Sein einst so glänzendes Fell war struppig, am Rücken kahl gescheuert, seine Augen trüb.

Endlich tauchte Jule mit einem gelben Plastikeimer voller Wasser auf, den sie vor Jacko hinstellten. Während er in langen, durstigen Zügen trank, sagte sie: »Da war eine nette Frau, die Tochter des Riesenradbesitzers. Sie sagt, die Ponys hätten ihr schon immer so Leid getan. Sie meint, wegen des Transports sollen wir mal ins Telefonbuch schauen. Es gibt hier am Stadtrand einen Reitclub. Das ist sicher ein guter Tipp. Die können uns bestimmt weiterhelfen.«

Das war typisch Jule, sie hatte einen Sinn fürs Praktische. Malte fragte sich nicht zum ersten Mal an diesem Tag, was er ohne sie getan hätte.

»Okay«, erwiderte er. »Bleib du bei Jacko, dann gehe ich jetzt los und suche nach einer Telefonzelle.«

Es dauerte ziemlich lange, bis er wiederkam, mit einer Tüte voller Karotten unter dem Arm.

»Erzähl!«, sagte Jule und hielt Jacko dabei eine von den Karotten unter die Nase.

»Gegen sieben sollen wir vorn an der Landstraße warten.« In Maltes Stimme schwang eine Spur von Triumph. »Da kommt ein Typ, der selbst Pferde hat und mit seinem Hänger ab und zu Transporte für den Reitclub fährt.«

»Klasse!« Jule strahlte, während Jackos Speichel auf ihren braun gebrannten Arm tropfte. »Macht es ihm nichts aus, dass es schon so spät ist? Wenn wir um sieben losfahren, sind wir sicher nicht vor Mitternacht zu Hause.«

»Er hat gesagt, wenn er mit dem Hänger unterwegs ist, fährt er nachts lieber als am Tag. Da ist weniger Verkehr«, erklärte Malte und zog die Mineralwasserflasche aus seinem Rucksack. Sie nahmen beide einen Schluck, dann fügte er hinzu: »Und ich bin froh, wenn wir Jacko endlich im Stall haben. Je früher, desto besser. Sonst hätten wir am Ende noch irgendwo im Freien mit ihm übernachten müssen.«

»Na und?«, sagte Jule. »Warm genug ist es ja.«

»Trotzdem. Jacko braucht endlich Ruhe. Ich hab dem Mann mit dem Hänger auch gesagt, dass er bei mir übernachten kann. Er will nur hundert Mark für die Fahrt und dazu die Benzinkosten. Das ist doch anständig, oder? Übrigens hat er mir erzählt, dass der Tierschutz schon länger hinter diesem Karusselldjango her ist, aber sie können nichts machen, weil die Gesetze zu lasch sind. Man müsste ihm richtige Tierquälerei nachweisen können, damit sie seinen Betrieb schließen könnten. Und der Begriff Tierquälerei ist ja leider verdammt dehnbar.«

Jetzt erst machten sie sich über die belegten Brote her, die sie eingepackt hatten. Jacko bekam noch die restlichen Karotten. Dann schloss er die Augen, ließ den Kopf hängen und döste.

»Er ist völlig fertig«, murmelte Malte. »Sie haben ihm den Willen gebrochen, denn freiwillig wäre er nie stundenlang immer im Kreis herumgelaufen. Ob er sich je wieder aufrappeln wird, Jule?«

»Ich glaube schon«, sagte sie. »Er ist ein zäher kleiner Kerl, das arme Bärchen.«

Bärchen, so hatte sie Jacko früher immer genannt. »Wenn du ihn richtig aufpäppelst, wenn er den ganzen

Sommer auf der Wiese stehen und grasen darf, kommt der alte Jacko sicher wieder zum Vorschein.«

Sie lächelte Malte an und er lächelte zurück. Er hatte nicht nur Jacko wieder gefunden, sondern auch Jule.

Während die Sonne sank, schwoll der Lärm des Rummelplatzes an. Sie wanderten über das zertretene Gras, Jule und Malte, zwischen ihnen Jacko; genau wie früher, als sie noch Kinder waren. In der Ferne, am Rand der Landstraße, wartete der Landrover mit dem Hänger auf sie.

Highland Lass

In diesem Jahr passierte alles auf einmal.

Zuerst ließen sich Krissys Eltern scheiden. Natürlich geschah das nicht von heute auf morgen; es war nur der Schlussstrich unter einer Kette langer und trauriger Ereignisse, das Ergebnis von Streit, Entfremdung und Vorwürfen. Einen Teil davon bekam Krissy mit, auch wenn ihre Eltern sich Mühe gaben, sie aus allem herauszuhalten.

Zu diesem Zeitpunkt war Krissy siebzehneinhalb. Vor der Scheidung hatte sie sich entschlossen, bei ihrem Vater zu leben, doch da er die folgenden Monate nur noch im Krankenhaus verbrachte und dann starb, wohnte sie notgedrungen weiter bei ihrer Mutter und deren Freund Martin.

Krissy mochte Martin nicht, obwohl er freundlich und zurückhaltend war und nie den Versuch machte, sich einzumischen. Vielleicht dachte sie, sie wäre es ihrem Vater schuldig, seinen Nachfolger abzulehnen.

»Martin kann nichts dafür, dass ich mich von deinem Vater getrennt habe«, behauptete Krissys Mutter. »Wir hatten uns schon lange auseinander gelebt.«

»Und warum hat Paps sich dann die Trennung so zu Herzen genommen, dass er Krebs bekam und innerhalb von drei Monaten starb?«, fragte Krissy.

Ihre Mutter wurde blass, wie immer, wenn sie dieses Thema berührten.

»Seine Krankheit hat nichts mit unserer Scheidung zu tun«, sagte sie. »Versuch nicht, mir Schuldgefühle einzureden! Jeder ist für sein Leben selbst verantwortlich.«

An sich fand Krissy diesen Grundsatz nicht übel, wenn ihre Mutter sich nur immer selbst daran gehalten hätte! Ein weiteres Vierteljahr später, als Krissy eine wichtige berufliche Entscheidung treffen sollte, mischte sich ihre Mutter jedenfalls kräftig ein.

Krissy hatte nach dem Realschulabschluss eine Ausbildung zur Bankkauffrau begonnen, doch es war nicht sicher, ob sie auch fest angestellt werden würde. Vor allem aber wusste Krissy inzwischen selbst nicht mehr so genau, ob sie diesen Beruf wirklich ergreifen wollte.

Die Vorstellung, Tag für Tag und Jahr für Jahr in einer Bank zu sitzen, gefiel ihr immer weniger. Sie hatte keine Beziehung zu Geld. In ihren Augen war es nur ein notwendiges Übel, das die Menschen verdarb. Die Banken, fand Krissy, waren wie Blut saugende Vampire, die davon lebten, dass Menschen in finanziellen Schwierigkeiten steckten und sich für hohe Zinsen Geld leihen mussten.

Dazu kam, dass sie anfing, die Großstadt zu hassen. Wie ihr Vater träumte sie von einem Leben auf dem

Land, in einem alten Bauernhof vielleicht, mit Pferden und Hunden, Katzen und Hühnern und Schafen.

In all dem Trubel, den stinkenden Abgasen, dem Lärm des Straßenverkehrs, fühlte sie sich immer mehr wie ein Vogel, der in einem dunklen Hinterzimmer im Käfig sitzt, voller Sehnsucht nach Licht und Luft und Freiheit.

Im Frühsommer, kurz nach ihrem achtzehnten Geburtstag, war Krissys Ausbildung abgeschlossen. Der Filialleiter der Bank teilte ihr gnädig mit, man hätte sich dafür entschieden, sie in ein festes Arbeitsverhältnis zu übernehmen. Er war total erstaunt, als Krissy um Bedenkzeit bat.

»Ich möchte erst mal für zwei Monate verreisen«, erklärte sie. »Kann ich es mir so lange überlegen?«

»Ich glaube nicht, dass der Posten dann noch frei sein wird«, sagte der Filialleiter steif. »Ich kann Ihnen nur anbieten, drei Wochen Urlaub zu machen und das Arbeitsverhältnis dann anzutreten.«

Krissys Mutter fand, dass in diesen wirtschaftlich unsicheren Zeiten ein fester Job wichtiger war als alles andere.

»Wenn du dieses Angebot ausschlägst, wirst du das eines Tages bitter bereuen!«, sagte sie immer wieder. »Sei vernünftig, Kind! Andere wären froh und glücklich über eine solche Chance.«

Krissy konnte ihr nicht klarmachen, weshalb sie erst einmal frei sein wollte, weshalb sich alles in ihr sträubte, sich jetzt schon festzulegen.

Sie dachte oft an den Rat, den ihr Vater ihr wenige Wochen vor seinem Tod gegeben hatte.

»Überleg dir, ob du nicht auf Reisen gehen möchtest, ehe du in der Tretmühle des Berufsalltags landest«, hatte er gesagt. »Ich wollte, ich hätte das gekonnt, als ich in deinem Alter war. Ich habe viel zu früh geheiratet und einen ganzen Teil meiner Jugend übersprungen. Eigentlich würde ich mir wünschen, dass du erst mal eine schöne Reise machst und dich ein bisschen umsiehst. Es muss ja nicht gerade eine Weltreise sein.«

Anfang Juni löste Krissy ihr Sparbuch auf, ging in ein Reisebüro und buchte einen Flug nach Schottland.

»Bitte nur ein Ticket für den Hinflug«, sagte sie zu der heftig bemalten Dame am Computer. »Ich weiß noch nicht, wann ich zurückfliege. Eine Hotelreservierung brauche ich nicht. Ich komme schon irgendwo unter.«

Sie kaufte einen Reiseführer und las, dass man ganz Schottland problemlos mit Bus, Bahn und Fähren durchqueren kann, vorausgesetzt, man reist mit leichtem Gepäck. In ihren Rucksack passten neben einem Kosmetikbeutel und Handtüchern noch zwei Jeans, ein warmer Pulli, mehrere T-Shirts, ein Sweatshirt, Unterwäsche und Socken und ein Paar feste Wanderschuhe zum Wechseln. Die Windjacke, die sie auf der Reise tragen wollte, hatte umfangreiche Taschen mit Platz für Geld und Papiere; außerdem eine Kapuze, falls es regnete.

Krissy hatte immer schon davon geträumt, nach Schottland zu fahren. Vielleicht hatte es mit den Shettys zu tun.

Ihre Lieblingstiere im Zoo waren die stämmigen Ponys von den Shetlandinseln. Schon als Kind hatte es sie immer dorthin gezogen. Ein kleines Hengstfohlen mit braunem, glänzendem Fell und blanken Augen war ihr ganz besonderer Liebling gewesen; und lange gab es nichts, was Krissy sich sehnlicher wünschte als ein eigenes Pony.

Bei ihrer Ankunft auf dem Flughafen von Edinburgh regnete es. Krissy setzte ihre Kapuze auf und fand den Bus, der zur Innenstadt fuhr, zum Bahnhof Waverley Bridge. Schon während der Fahrt stellte sie fest, dass die Schotten ein seltsames Englisch sprachen, das fast nur aus rollenden R zu bestehen schien, was in ihren Ohren zugleich liebenswert und witzig klang.

Edinburgh war schön wie ein Zauberort in einem alten Märchen mit seiner Burg hoch auf dem Hügel und den rußgeschwärzten Häusern, die sich auf dem Burgberg drängten. Doch Krissy wollte erst einmal hinaus aufs Land, sie hatte vorerst genug von Großstädten. Kurz entschlossen nahm sie den Zug nach Inverness, der gerade im Bahnhof zur Abfahrt bereitstand.

Gegen sieben Uhr abends stieg sie in Inverness aus. Eine Zimmervermittlung gab es nicht, zumindest nicht im Bahnhof. Müde wanderte Krissy mit ihrem Rucksack durch die Straßen, bis sie den Mut fand, eine ältere Frau anzusprechen, die ihr riet, den Fluss Ness zu überqueren. Jenseits des Flusses, sagte sie, gäbe es viele kleine Häuser, wo Bed & Breakfast angeboten würde.

Ihre erste Nacht im Zentrum des schottischen Hochlands verbrachte Krissy in einem Reihenhaus, das mit Krimskrams und Reiseandenken voll gestopft war. Mehrmals wachte sie auf, sog den süßlichen, fremdartigen Malzgeruch der Whiskydestillerien ein, horchte auf das melodische Geläut der Glocken, die die Stunden schlugen, und dachte immer wieder mit einem Gefühl von Verwunderung und Erregung: Ich bin in Schottland! Vergangene Nacht war ich noch zu Hause in meinem Bett und jetzt bin ich schon in den Highlands …

Inverness war eine Kleinstadt mit stillen Ecken und einer hektischen Hauptstraße, einer schwankenden Hängebrücke über den Fluss und jeder Menge Rucksacktouristen. In einer Kneipe, in der es gefüllte Folienkartoffeln und Fish & Chips gab, kam Krissy mit einem Studenten aus Boston ins Gespräch.

»Fahr mit dem Bus weiter hinein ins Hochland, über Aviemore nach Kingussie und Pitlochry«, sagte er und erklärte Krissy, wo die Busse abfuhren. Dann gab er ihr noch eine Adresse von einer Frau in Pitlochry, wo sie gut und billig übernachten konnte.

Ein Tag in Inverness war genug, fand Krissy und saß schon am nächsten Morgen mit ihrem Rucksack im Bus nach Pitlochry. Die Fahrt zwischen sanft geschwungenen Hügeln und Bergen, durch die stillen, einsamen Täler mit ihrem Teppich aus Heidekraut, Moos und Farn im wechselnden Licht und den Schafen, die auf den grünen Hängen weideten, war wunderbar. Zum ersten Mal seit langer Zeit war Krissy glücklich.

Sie wünschte nur, ihr Vater könnte neben ihr sitzen und all das sehen. Aber vielleicht, dachte sie, war er ja bei ihr und begleitete sie auf eine Weise, von der Sterbliche nichts wissen. Vielleicht hatte er sie hierher geführt, damit sie eine Ahnung vom Reichtum und der Fülle dieser Welt bekam, einen Vergleich zu ihrem bisherigen Leben in der Großstadt, im klimatisierten Büro eines Bankgebäudes, wo man morgens schon den Abend herbeisehnte.

Krissy fuhr nicht bis nach Pitlochry, wie der junge Amerikaner ihr geraten hatte. Sie stieg schon vorher aus, in einem kleinen Ort mitten in den Bergen, in dem es nicht viel mehr zu geben schien als eine Kirche mit Friedhof, ein Gasthaus und eine Ansammlung von grauen Häusern.

Dort stand sie am Straßenrand und sah den Bus weiterfahren, während die Sonne zwischen Wolkengebirgen hervorkam und den Taleinschnitt in schimmerndes Licht tauchte.

Sie wusste nicht, weshalb sie gerade hier ausgestiegen war. Vielleicht war es der Friede, der über diesem Ort lag, die Geborgenheit des Tales; vielleicht aber auch eine Art innerer Ruf, dem sie folgen musste.

Sie ging die Hauptstraße entlang. Der Ort war größer, als sie vermutet hatte. Es gab neben einem Supermarkt auch ein Postamt, das zugleich Schreibwarenladen war, ein winziges Antiquitätenlädchen und einen Bäcker. Alle Geschäfte waren geschlossen, denn es war Mittagszeit;

auch die Bäckerei. Im Schaufenster lagen verführerische Rosinenbrötchen, die Krissy daran erinnerten, dass sie Hunger hatte.

Eine winzige Gasse ging von der Hauptstraße ab und führte an der Kirche vorbei, hinauf zu den Hügeln. Das Rauschen eines Wasserfalls in der Ferne mischte sich mit dem Raunen des Hochlandwinds.

Krissy wanderte bis zum letzten Haus, hinter dem die Wiesen und Hügel begannen. Sie wollte sich ins Gras legen, bis die Mittagszeit vorüber war, und dann in der Bäckerei etwas essen und Tee trinken, ehe sie nach einer Unterkunft für die kommende Nacht suchte.

Das Haus war hoch und schmal und aus grauen Steinen gebaut. Eine Kletterrose rankte sich an der Hauswand empor, um den Erker mit den drei Fenstern herum. Es gab eine blau gestrichene Tür, ein Schieferdach voller Kamine, die wie umgestülpte Blumentöpfe aussahen, und einen Garten mit blühenden Rhododendronbüschen und dunkelgrün glänzenden Stechpalmen. Eine schwarze Katze saß auf dem Fenstersims und putzte sich die Ohren mit den Pfötchen.

An der Gartenpforte hing ein Bed&Breakfast-Schild. Doch was das Beste war: Es gab neben dem Garten eine kleine, abgezäunte Weide, auf der ein Pferd stand, ein großes, schwarzes, knochiges Pferd mit eingesunkenem Rücken.

Krissy blieb am Zaun stehen. Der Rappe hatte sie entdeckt und sah zu ihr herüber. Eine Spur Anmut lag noch in der Biegung seines Halses, der Art, wie er den Kopf hielt. Doch er war alt und abgearbeitet, das sah man deutlich; und dieser Eindruck verstärkte sich noch, als Krissy bis zu der Stelle ging, an der ein Steinmäuerchen den Hausgarten von der Koppel trennte. Wilde Fuchsiensträucher streckten ihre Zweige mit den blühenden roten Glöckchen darüber; dazwischen wuchs Efeu.

Eine Weile standen sie da, Krissy diesseits und der Rappe jenseits der Mauer, und sahen sich an. Das Pferd hatte tief eingesunkene Augen. Auch das musste ein Zeichen von Alter sein, dachte Krissy. Trotzdem wirkte es schön vor dem Hintergrund der smaragdgrünen Berge und strahlte Zufriedenheit und Sanftmut aus.

Der Rappe kam nicht näher, wandte den Blick aber auch nicht von Krissy ab. Krissy hätte ihn gern berührt, seinen Hals gestreichelt, die Nase, die samtweich sein musste. Gern hätte sie auch die Fliegen verjagt, die seine Nüstern und Augen umschwirrten.

Die Zeit schien stillzustehen. Schließlich hörte sie Gebell. Zwei Hunde kamen um die Hausecke geflitzt, ein großer und ein kleiner, der durchdringend kläffte.

Krissy erschrak. Dann aber merkte sie, dass der größere von beiden, der mit seinem schmalen Kopf und dem schwarz-golden gezeichneten Fell wie ein Windhund aussah, leicht mit dem Schwanz wedelte. Der kleinere war ein Westhighlandterrier, weiß bis auf die schmutzigen Pfoten. Er vollführte drollige Luftsprünge mit allen vier Pfoten gleichzeitig.

Sobald Krissy mit den Hunden redete, verstummte das Gebell. Sie drängten sich an den Zaun. Krissy streckte die Hände durch die Gitterstäbe, ließ sich beschnuppern und streichelte ihre weichen Ohren.

Jetzt streckte auch das Pferd seinen Kopf über das Mäuerchen. In seinen dunklen Augen spiegelte sich der Himmel.

Hier bleibe ich, dachte Krissy. Hoffentlich ist noch ein Zimmer frei ...

Sie ging zur Pforte, begleitet von den Hunden, die hinter dem Zaun in die gleiche Richtung rannten und sie wie einen alten Freund begrüßten, als sie den Garten betrat.

Eifrig liefen sie vor ihr her über den gepflasterten Pfad. Der Stummelschwanz des weißen Terriers rotierte wie ein Propeller und der schwarz-goldene Hund sah sich immer wieder nach ihr um, als wollte er sagen: Komm mit, du wirst schon erwartet!

Natürlich wusste Krissy, dass das Unsinn war. Doch die blaue Tür stand ein Stück offen, gab den Blick auf ein Mahagonitischchen und eine Tapete mit einem Muster aus Geißblattblüten frei. Die Hunde stürmten ins Haus und drückten die Tür weiter auf. Krissy aber blieb zurück und betätigte den Türklopfer, der die Form einer Frauenhand mit einer Messingkugel hatte.

Schon tauchten die Hunde wieder auf. Dann, Minuten später, näherten sich langsame Schritte. Krissy sah eine Schulter, eingehüllt in einen karierten Schal. Eine brüchige Stimme fragte: »Ja, bitte?«

»Ich wollte ein Zimmer mieten«, sagte Krissy.

Jetzt stand eine Frau vor ihr und hielt sich am Türrahmen fest. Der Terrier sprang an ihr hoch, während der große Hund seinen Kopf gegen ihre Hüfte drückte.

Sie hatte sehr blaue Augen; das war das Erste, was Krissy auffiel; und einen Anflug von Damenbart. Ihr Gesicht war dünn und zart, ihre Nase fein geformt. Krissy dachte, dass sie einmal ungewöhnlich hübsch gewesen sein musste.

»Tut mir Leid«, sagte die alte Dame. »Ich vermiete nicht.«

»Aber … draußen hängt doch das Schild!«, erwiderte Krissy enttäuscht.

»Ich hätte es abnehmen sollen. Normalerweise vermiete ich schon, aber zurzeit schaffe ich es einfach nicht. Mein Rücken macht mir solche Probleme, dass ich kaum gehen kann.«

Jetzt rieb der große, schwarz-goldene Hund seine Stirn an Krissys Jeansbein. Sie streichelte ihn und sagte rasch: »Ich würde Ihnen keine Mühe machen. Ich könnte mein Frühstück selbst richten, könnte vielleicht für uns beide Frühstück machen, wenn Ihnen das recht wäre. Und ich würde auch mein Bett selbst beziehen und die Bettwäsche hinterher in die Waschmaschine stecken und das Bad säubern …«

Sie stockte und holte Atem. »Sie hätten keine Arbeit mit mir, wirklich!«

Die alte Dame musterte sie prüfend. »Ich weiß

nicht …«, murmelte sie. Dann, plötzlich, schien sie zu einem Entschluss zu kommen, denn sie sagte: »Kommen Sie doch erst mal herein, Kindchen, trinken wir eine Tasse Tee miteinander. Dann werden wir weitersehen.«

Das Haus roch nach Kräutern, nach Lavendel und dem Staub geheimnisvoller Ecken und Winkel. Krissy wurde in die Küche geführt, in der es einen gemütlichen Sitzplatz mit weiß gestrichenen Korbmöbeln gab.

Die alte Dame bewegte sich nur mühsam. Jeder Schritt schien ihr Schmerzen zu bereiten. Krissy half ihr, das Teegeschirr aus dem Schrank zu holen und den Tisch zu decken. Dabei sah sie aus einem der beiden schmalen Fenster und entdeckte, dass es auf die Koppel hinausging, auf der das schwarze Pferd graste. Dahinter begannen die Hügel mit den windzerzausten Hecken und Bäumen. Dieser Blick aus dem Fenster war so voller Frieden und Schönheit, dass Krissys Augen feucht wurden.

Seltsam, dachte sie, ich habe nie gewusst, dass man weinen möchte, einfach nur, weil etwas so schön ist …

Die alte Dame hieß Mrs MacGregor. Sie fragte Krissy, woher sie käme. Krissy erzählte von ihrem Zuhause und dem Entschluss, diese Reise zu machen, während das Wasser im Teekessel summte und der Tee aufgebrüht wurde, während Rosinenbrötchen, Marmelade und Butter auf den Tisch kamen. Sie sagte mehr, als sie beabsichtigt hatte; redete noch immer, als sie auf einem der Korbstühle und die alte Dame auf einem harten Stuhl mit gerader Lehne Platz genommen hatte, der eine bessere Stütze für ihren Rücken war, wie sie erklärte.

Mrs MacGregor hörte ruhig zu, unterbrach Krissy nur zweimal mit einer Zwischenfrage. Und plötzlich war Krissy mitten in der Geschichte von der Trennung ihrer Eltern, von der Krankheit ihres Vaters und seinem Tod.

»Ja«, sagte die alte Dame, »Menschen können aus Kummer krank werden und sterben. Oder weil sie mit einer Sache nicht leben können. Tiere übrigens auch.«

Krissy trank den Tee, der stark und süß war, während der große Hund – ein Mischling, der einen irischen Greyhound in seiner Ahnenreihe hatte – neben ihr saß, den Kopf auf ihr Knie gelegt, und darauf wartete, dass etwas von den Rosinenbrötchen für ihn abfiel.

Vielleicht, dachte Krissy, waren es die Augen der alten Dame, die sie dazu brachten, ihr so vieles anzuvertrauen, was sie sonst niemandem hätte sagen können; diese Augen, die so weise und gütig wirkten.

»Und warum«, fragte Mrs MacGregor schließlich, »möchten Sie ausgerechnet bei mir wohnen? Es gibt so viele Bed&Breakfast-Unterkünfte in dieser Gegend.«

Krissy streichelte den Kopf des Greyhoundmischlings. »Ich habe Ihr Pferd gesehen«, sagte sie. »Auf der Wiese hinter dem Haus. Da dachte ich, dass ich gern hier wohnen würde. Es ist doch Ihres?«

Die alte Dame nickte. Es war das erste Mal, dass Krissy sie lächeln sah. »Sie lieben Pferde?«, fragte sie.

»Ja. Pferde – und Hunde. Eigentlich alle Tiere. Mein

Vater auch. Wir konnten nur nie einen Hund halten, weil wir immer in einer Mietwohnung in der Stadt gelebt haben, wissen Sie.«

Mrs MacGregor erzählte ihr von dem Pferd. Es hieß Lass, was auf Schottisch Mädchen bedeutet, und war eine Stute. Lass war noch nicht sehr lange bei Mrs MacGregor. Sie hatte zu einem kleinen Wanderzirkus gehört, war in der Pferdenummer aufgetreten und hatte einen der Wagen gezogen, wenn die Zirkusleute von einem Ort zum anderen fuhren. Als sie alt und steifbeinig wurde und weder stark noch elegant genug war, um weiter ihre Arbeit zu tun, hatten die Zirkusleute sie zurückgelassen.

»Sie wollten sie irgendwo an einen Pferdemetzger verkaufen«, erklärte Mrs MacGregor. »Aber Lass hatte Glück. Wir haben hier weit und breit keinen Schlachter, der Pferdefleisch verkauft.«

»Wie gemein!«, sagte Krissy empört. »Da hat die arme Stute ihr Leben lang für diese Leute vom Zirkus geschuftet. Und als sie nicht mehr konnte, wollten sie ihr nicht mal das Gnadenbrot geben.«

Die alte Dame seufzte. »Sie hatten selber nicht viel zu beißen, diese Leute. Als sie hier durchkamen, stand gerade der Winter vor der Tür. Ich glaube, sie wussten nicht, woher sie das Futter für ihre Tiere nehmen sollten.«

»Und wieso haben Sie Lass bekommen?«, fragte Krissy.

»Ich arbeite gelegentlich im örtlichen Tierschutzverein, so weit ich noch kann.« Mrs MacGregor deutete mit einer Kopfbewegung auf den Greyhoundmischling, der noch immer neben Krissy saß. »Amber ist auch so ein armseliges Wesen, das jemand ausgesetzt hatte. Man hat sie im Frühling vor einem Jahr zu mir gebracht, total ausgehungert und mit wund gelaufenen Pfoten. Ähnlich war's mit Toddler, dem Westhighland, und Furry und Henry, den Katzen. Die haben sie mir einfach vors Haus gelegt, krank und abgemagert, wie sie waren.«

Wieder seufzte sie. »Jedenfalls, hier im Ort weiß jeder, dass ich ein Tiernarr bin. Eines Tages rief Mr Brendan, der Metzger, bei mir an und hat mich gefragt, ob ich nicht ein gutes Plätzchen für Lass wüsste.«

»Die Zirkusleute haben also versucht, ihm Lass zu verkaufen?«, fragte Krissy.

»Ja, das haben sie. Und er ist selbst ein Tierfreund, Mike Brendan, trotz seines abscheulichen Jobs. Sie wollten etwas Geld für das Pferd haben und es war ihnen anzusehen, dass sie es bitter nötig hatten; also hab ich's ihnen gegeben. Seitdem ist die Stute bei mir.«

Krissy wurde warm ums Herz. Wie gut, dachte sie, dass es noch Menschen wie Mrs MacGregor gibt, die Tiere aufnehmen, die sonst keiner haben will, und sich um sie kümmern.

»Lass ist ein sanftes, liebenswertes Geschöpf«, sagte die alte Dame. »So bescheiden und dankbar für alles. Ich hab sie wieder ein bisschen hochpäppeln können. Sie war ein elendes Knochengestell, als ich sie bekam.«

Sie schwieg eine Weile. »Aber es ist nicht leicht mit all den Tieren, wenn man alt wird. Seit mir mein Rücken solche Probleme macht, frage ich mich oft, wie es weitergehen soll. Ich kann die schweren Wassereimer nicht mehr schleppen, kann Lass nicht striegeln, ihre Hufe nicht pflegen. Ihr Futter wird zwar geliefert, auch das für die Hunde und Katzen; aber wenn man bei jeder Bewegung Schmerzen hat …«

»Ich helfe Ihnen!«, sagte Krissy spontan. »Solange ich hier bin, versorge ich die Tiere.« Dann fiel ihr ein, dass Mrs MacGregor ja noch nicht einmal gesagt hatte, ob sie bei ihr wohnen konnte.

»Falls ich bleiben darf«, fügte sie hinzu. »Ich kann auch kochen – einigermaßen jedenfalls. Sie hätten keine Mühe mit mir und ich könnte Ihnen vieles abnehmen.«

Minutenlang erwiderte die alte Dame nichts. Sie saß da, spielte mit dem Teelöffel und sah Krissy forschend an. Etwas wie Verwunderung lag in ihrem Blick.

»Wollen Sie das wirklich?«, fragte sie schließlich.

»Total gern!«, versicherte Krissy. »Ich wäre glücklich, wenn ich hier bleiben und mich um die Tiere kümmern dürfte.«

»Aber das ist Ihr Urlaub, Kind.«

»Es würde mir Freude machen«, sagte Krissy einfach. Und während sie es aussprach, wusste sie, dass es stimmte, dass es nichts gab, was sie sich mehr wünschte. »Echt, ich könnte mir nichts Schöneres vorstellen, als hier bei Ihnen und Lass und den Hunden zu sein!«

Sie suchte nach Worten – nach Worten in einer fremden Sprache, die ausdrückten, wie sehr sie sich danach sehnte zu bleiben, auch wenn es nur für kurze Zeit war; an diesem freundlichen Ort, an dem sie gebraucht wurde.

»Bitte lassen Sie mich bei Ihnen bleiben!«, sagte sie.

Morgens wurde Krissy durch das Rauschen des Hochlandwindes geweckt, der über die Berge und durch die Täler strich und ums Haus raunte und sang; vom Blöken der Schafe auf den grünen Hügeln, vom Kratzen einer Hundepfote an ihrer Zimmertür und von leisem Pferdegewieher unter ihrem Fenster.

Ein schöneres Erwachen konnte es nicht geben, fand sie. Drei Tage war sie nun schon hier und jeden Tag sprang sie mit dem gleichen freudigen Schwung aus dem Bett. Während sie duschte, lagen Amber und Toddler auf dem Flurteppich, bis sie aus dem Bad kam, folgten ihr dann schwanzwedelnd die Treppe hinunter und warteten mit aufmerksamen Blicken, bis sie ihre Näpfe gefüllt hatte.

Auch die Katzen waren pünktlich zur Stelle: Furry, der graue Angorakater, und Henry mit dem weißen Tupfen auf der sonst schwarzen Nase. Sie strichen Krissy um die Beine und fraßen dann zierlich und gesittet aus ihren Schälchen, während die Hunde geräuschvoll kauten und schmatzten; und hinter dem Küchenfenster tauchte der Kopf der schwarzen Stute auf, ihre gespitzten Ohren und blanken Augen. Am liebsten hätte Krissy auch sie in die Küche hereingeholt.

Dann war sie draußen im Licht des Morgens, öffnete die Tür des kleinen Stalles, der an den rückwärtigen Teil des Hauses angebaut war, maß die Portion Quetschhafer für Lass ab, wie Mrs MacGregor es ihr gezeigt hatte, und stellte den Eimer vor Lass ins Gras.

Nichts konnte schöner sein, als der Stute beim Fressen zuzusehen, ihre Zufriedenheit zu spüren, das mahlende Geräusch ihrer Kiefer zu hören, während der Wind über sie hinwegstrich und in ihrer Mähne spielte und die Katzen auf dem Mäuerchen saßen und sich putzten.

Dann trug Krissy den Wassereimer durch den Hintereingang ins Freie und tränkte Lass. Das war für gewöhnlich die Zeit, zu der Mrs MacGregor erschien, freudig umkreist von den Hunden. Sie übernahm es, Karotten zu waschen oder ein paar Äpfel zu zerteilen und sie, wenn die Stute getränkt war, durchs Küchenfenster nach draußen zu reichen, als Abschluss für Lassies Frühstück, wie sie sagte.

Erst wenn alle Tiere versorgt waren, setzte die alte Dame Teewasser auf. Krissy deckte den Tisch, ging mit Amber und Toddler über den Gartenpfad und holte die Milchflasche von ihrem Platz vor der Pforte, wo der Milchmann sie täglich abstellte.

Die Tage vergingen wie im Flug. Krissy lernte Lass zu bürsten, ihre Hufe zu säubern und einzufetten. Sie sammelte die Pferdeäpfel von der Koppel, badete Toddler, der eine Vorliebe dafür hatte, sich in allerhand Dreck zu wälzen, behandelte Ambers kranke Ohren mit einer Salbe, kochte, hängte Wäsche zum Trocknen auf die Leine, rieb Mrs MacGregors Rücken ein und radelte mit dem Fahrrad der alten Dame zum Supermarkt, um einzukaufen.

Mit jedem Tag gewann sie Mrs MacGregor, Lass, die Hunde und Katzen, das Haus, den verwilderten Garten, das stille Dorf und die Hügel im wechselnden Licht von Sonnenschein und Schatten, unter Regenschwaden und Dunstschleiern, lieber.

Sie gewöhnte sich an, abends vor dem Schlafengehen noch einmal mit den Hunden hinauszugehen und Lass gute Nacht zu sagen, die im Mondlicht beim Haus stand; ihren Hals zu streicheln, ihr noch ein Stück hartes Brot oder eine Karotte zu bringen und sich zu vergewissern, dass mit ihr auch alles in Ordnung war.

»Umgerechnet ist Lass wohl ungefähr so alt wie ich«, sagte Mrs MacGregor eines Abends, als sie zusammen in dem gemütlichen Wohnzimmer mit dem offenen Kamin und den abgeschabten Polstermöbeln saßen. »Sie hat's verdient, dass sie jetzt ihre Ruhe hat, ein gutes Plätzchen mit ausreichend Futter, eine Weide und frisches Gras und eine liebevolle Hand.«

Sie wandte das Gesicht ab, doch Krissy hatte den sorgenvollen Ausdruck in ihren Augen gesehen. Die alte Dame machte sich Gedanken, was aus Lass, aus Henry und Furry und den beiden Hunden werden sollte, wenn sie bettlägrig wurde oder ins Krankenhaus musste, das wusste sie.

»Haben Sie keine Verwandten, die Sie pflegen und sich um die Tiere kümmern können, falls es nötig wäre?«, fragte Krissy.

»Ich habe eine Schwester«, sagte Mrs MacGregor. »Mein Mann ist jung gestorben; Kinder hatten wir nicht. Meine Schwester ist nur ein paar Jahre jünger als ich. Sie war nie besonders kräftig. Ihr Herz macht ihr zu schaffen. Sie hat einen kleinen Buchladen in Pitlochry. Pflegen könnte sie mich nicht, das wäre viel zu anstrengend für sie.«

Am folgenden Tag unternahm Krissy ihren ersten langen Spaziergang mit Lass und den Hunden, hinauf in die Hügel. Sie führte die Stute am Zügel und blieb immer wieder stehen, um sie an besonders saftigen Grasbüscheln oder an herabhängenden Zweigen zupfen zu lassen, während die Hunde in Kaninchenlöchern buddelten oder Moorschneehühnern nachjagten.

Ein Duft nach Heide und Gras und Moorwasser lag in der Luft. Ganze Wälder von Farnwedeln bogen sich grün und silbergrau im Wind. In der Ferne verschwammen die Hügelketten im Dunst; Wolkengebirge jagten über den Himmel wie Schiffe mit geblähten Segeln. Wenn sie sich teilten, lag die Sonne warm auf Krissys blondem Haar und dem schwarzen Rücken der Stute.

Hier möchte ich bleiben!, dachte Krissy. Der Gedanke kam angeflogen wie ein Vogel, ließ sich in ihrem Kopf und ihrem Herzen nieder und erfüllte sie mit Wärme und Sehnsucht.

Sie band Lassies Zügel hoch, sodass die Stute ungehindert in der Nähe umherstreifen und grasen konnte, setzte sich auf einen Stein mitten ins Heidekraut und sah den Wolken nach.

Krissy dachte an ihren Vater. Sie wünschte, er wäre hier oder sie hätte ihn zumindest fragen können, was sie tun sollte. Was hätte er ihr geraten? In einer Woche wieder nach Hause zurückzukehren und in der Bank zu arbeiten? Oder hier zu bleiben, falls Mrs MacGregor sie weiter bei sich aufnehmen wollte, solange sie gebraucht wurde?

Wieder kam es ihr in den Sinn, ihr Vater könnte sie auf geheimnisvolle Weise hierher geführt haben. Vielleicht war es ja kein Zufall, dass sie ausgerechnet in diesem abgelegenen Nest aus dem Bus gestiegen war und Mrs MacGregors Haus gefunden hatte, zielsicher wie eine Schlafwandlerin; dass Lass dort hinter dem Mäuerchen gestanden und sie angesehen hatte, als wollte sie sagen: Da bist du ja endlich!

Ja, war es nicht wie ein Nachhausekommen gewesen? Krissy streichelte Ambers schwarz-goldenes Fell und beobachtete Lass, die sich in einer Mulde voll Moorwasser wälzte. Sie hatte die knochigen Beine wie ein übermütiges Fohlen in die Luft gestreckt und rollte sich voller Genuss in der schwarzen Brühe.

Ich werde Stunden brauchen, bis ich sie wieder sauber

habe, dachte Krissy flüchtig. Dann sah sie den Vögeln zu, die hoch über ihnen mit sehnsuchtsvollen Schreien kreisten. Sie ließen sich vom Wind tragen, mühelos, ohne auch nur einen Flügel zu bewegen. Ob auch das Leben einen Menschen so tragen konnte? Ob es einen dort hintrug, wohin man gehörte, ohne dass man großartige Pläne machen, allerhand Hebel in Bewegung setzen, jede Menge Energie aufwenden musste?

Als Krissy in Mrs MacGregors Haus zurückkam, war der Arzt da und gab der alten Dame eine schmerzstillende Spritze. Sie lag auf dem Sofa im Wohnzimmer.

»Ich werde wohl ins Krankenhaus müssen«, sagte sie. »Plötzlich konnte ich mich nicht mehr aufrichten.« Sie war sehr blass und sah ratlos aus.

»Ich will versuchen, einen Platz im Krankenhaus in Inverness für Sie zu bekommen.« Der Arzt war ein älterer, untersetzter Mann mit dichten grauen Haaren und sanftem Blick. »Möglicherweise werden wir diesmal um eine Operation nicht mehr herumkommen.«

»Aber ich kann meine Tiere nicht allein lassen!«, erwiderte Mrs MacGregor.

Der Arzt sah zu Krissy hinüber, die erschrocken auf der Türschwelle stand. »Sie haben doch eine Hilfe«, sagte er.

»Sicher. Ich kümmere mich um alles«, versprach Krissy.

»Aber es kann Wochen dauern, bis ich wieder nach Hause komme! Könntest du denn so lange bleiben?« In

Mrs MacGregors Stimme schwang ein bittender Unterton. »Ich werde dir natürlich ein Gehalt zahlen, am Geld soll's nicht scheitern. Du musst schließlich von etwas leben.«

»Ich bleibe, solange Sie mich brauchen«, hörte Krissy sich sagen.

Da gab es nichts zu überlegen. Es war wie mit den Seevögeln, die sich von der Luftströmung tragen ließen.

»Na also.« Der Arzt griff nach seinem Köfferchen. »Dann ist ja alles in Ordnung. Ich rufe an, sobald ich das mit der Klinik geklärt habe.«

Am nächsten Morgen wurde Mrs MacGregor von der Ambulanz abgeholt. Ihre Schwester Nell kam, um mit ihr ins Krankenhaus zu fahren. Sie war eine zarte, durchscheinend wirkende Frau. Ihre Unterlippe und ihre Hände zitterten vor Aufregung. Mrs MacGregor musste ihr gut zureden.

»Ich werd's überleben, Nell«, sagte sie. »Zapple nicht so herum, du machst mich und die Sanitäter ganz nervös. Am Ende kippen sie mich noch von der Trage!«

Krissy versprach nochmals, gut auf die Tiere und das Haus aufzupassen, und versicherte, sie hätte keine Angst, allein zu bleiben.

»Die Hunde sind ja bei mir«, sagte sie.

Sie musste Amber und Toddler an den Halsbändern festhalten. Die beiden winselten kläglich, als der Krankenwagen mit Mrs MacGregor und ihrer Schwester losfuhr.

Während Krissy zwischen den Hunden kniete und sie zu beruhigen versuchte, überkam sie ein Gefühl der Verlassenheit. Ihr Herz wurde schwer, als sie an die alte Dame dachte, und sie fragte sich, wie wohl alles weitergehen würde.

Mrs MacGregors Schwester hatte ihren Austin Mini vor der Gartenpforte geparkt. Drei Stunden später kam sie mit dem Bus aus Inverness zurück, um ihr Auto abzuholen.

Sie zeichnete eine ziemlich konfuse Skizze auf einen Zettel, mit der sie Krissy den Weg von der Busstation in Inverness zum Krankenhaus erklären wollte. Krissy hatte vor, Mrs MacGregor möglichst bald zu besuchen.

»Sie ist so tapfer!«, sagte ihre Schwester. »Das ist sie immer gewesen. Wie gut, dass Sie hier sind und sich um die Tiere kümmern. Das ist eine große Beruhigung für sie. Ich glaube, das hat ihr mehr Sorgen gemacht als die bevorstehende Operation. Eigentlich hätte sie ja Geld genug, um sich eine Hilfe zu leisten. Ihr Mann hat ihr ein hübsches Sümmchen vererbt. Aber bis jetzt dachte sie immer, sie müsste allein zurechtkommen. Ich glaube auch, sie begann fremden Menschen zu misstrauen.«

Sie sah Krissy an. »Werden Sie denn zu Hause in Deutschland nicht erwartet?«

Krissy dachte daran, dass sie ihre Mutter anrufen wollte – heute Abend, wenn das Telefonieren billiger war. »Ich kann bleiben, solange ich will«, erwiderte sie.

»Und was ist mit Ihrem Job? Oder studieren Sie?«

»Ich habe eine Ausbildung in einer Bank gemacht«, sagte Krissy. »Und man hat mir da einen festen Job angeboten. Aber ich glaube nicht, dass es die richtige Arbeit für mich wäre.«

Nell musterte sie mit dem gleichen forschenden Blick, den Krissy schon von Mrs MacGregor kannte. Dann lächelte sie.

»Aye, Lass, Sie passen wirklich nicht in eine Bank!«, bestätigte sie. »Mary hat Glück gehabt. Manchmal trifft man die richtigen Menschen zur rechten Zeit.«

Sie fuhr wieder los, nachdem sie noch ihre Telefonnummer hinterlassen und Krissy das Versprechen abgenommen hatte, sofort anzurufen, falls sie Hilfe brauchte oder Probleme hatte.

»Und nehmen Sie keine Feriengäste auf!«, sagte sie noch. »Das ist zu gefährlich, wenn Sie allein sind. Die meisten Touristen sind freundliche, anständige Leute, aber man kann nie wissen.«

Die Hunde trauerten den ganzen Tag. Krissy wusste nicht, wie sie die beiden aufmuntern sollte. Auch Kater Henry strich ruhelos ums Haus und maunzte klagend. Abends, nachdem Lass gefüttert war, machte sich Krissy auf den Weg zur High Street, um zu telefonieren. Mrs MacGregor hatte zwar ein Telefon im Haus, doch sie wollte nicht, dass die alte Dame ihr Ferngespräch bezahlte.

An der Wand der Telefonzelle klebte ein Zettel mit den Vorwahlen fürs Ausland. Krissy hatte die richtigen Münzen dabei und alles ging ganz einfach. Krissys Mutter nahm sofort ab; ihre Stimme war so klar und deutlich, als wären sie in der gleichen Stadt, nur ein paar Straßen voneinander entfernt.

»Krissy!«, sagte sie. »Bin ich froh, dass du dich endlich meldest! Wann kommst du wieder nach Hause?«

Es war nicht leicht, ihr zu erklären, dass sie vorerst nicht zurückkommen würde, dass sie bleiben wollte – für ein paar Wochen vielleicht oder auch für länger. Wieder und wieder sagte ihre Mutter: »Aber deine Arbeit in der Bank! Die kannst du doch nicht einfach in den Wind schreiben … Denkst du denn überhaupt nicht an deine Zukunft?«

»Doch, das tu ich. Aber vielleicht hab ich andere Vorstellungen von meiner Zukunft als du, Mama.«

»Dass man in deinem Alter immer meint, man hätte den totalen Durchblick und wüsste alles besser!« Krissy hörte ihre Mutter seufzen. »Aber wo bist du überhaupt? Du wohnst doch nicht etwa bei irgendeinem Mann?«

Krissy lachte. »Nein«, erklärte sie, »bei einer alten Dame, in den Highlands. Sie ist heute ins Krankenhaus gekommen und muss wahrscheinlich am Rücken operiert werden. Ich versorge ihre Tiere und ihr Haus. Sie hat ein Pferd, weißt du. Und zwei Hunde und zwei Katzen.«

Sie war froh, als ihr die Münzen ausgingen, sodass sie eine Entschuldigung hatte, das Gespräch zu beenden.

»Ich schreibe dir!«, sagte sie hastig. »Ich erkläre dir

alles genau. – Nein, Geld brauche ich nicht, ich verdiene ja jetzt etwas bei Mrs MacGregor. Mach dir um mich keine Sorgen.«

Lass sah über das Mäuerchen und wieherte, als Krissy in der sinkenden Abenddämmerung zurückkehrte. Die Hunde erwarteten sie an der Gartenpforte. Sie begrüßten Krissy wie einen Retter in der Not, sprangen an ihr hoch und leckten ihr die Hände. Sogar Henry kam und lief vor Krissy her über den Pfad, den Schwanz senkrecht in die Luft gestreckt.

Gemeinsam gingen sie ums Haus herum, zu Lass. Krissy hatte nicht genug Hände, um jeden zu streicheln. Der Mond stand über den Hügelkämmen und tauchte das alte graue Haus in sein bleiches Licht. Irgendwo in den dunklen Büschen des Gartens begann ein Vogel zu singen, eine Nachtigall vielleicht.

Der Wind war warm, ein fast südlicher Wind; er trug die Gerüche der See mit sich, nach Algen und Schlick, nach Muscheln und Tang, vermischt mit dem Duft des Heidekrauts und der Bergwiesen, die voller Thymian waren.

Krissy wünschte Lass eine gute Nacht. Dann ging sie ins Haus, begleitet von Amber, Toddler und Henry. Jetzt erst merkte sie, wie hungrig sie war. Sie hatte den ganzen Tag nichts gegessen, nur eine Kleinigkeit zum Frühstück, ehe der Krankenwagen kam.

Sie briet sich zwei Spiegeleier und aß Toastbrot dazu. Dann gab sie den Katzen und Hunden noch etwas

Milch. Hinter den Küchenfenstern war die Nacht hereingebrochen, eine Hochlandnacht voller Sterne. Im Mondlicht sah sie Lass auf der Koppel stehen, den Kopf gesenkt, mit hängender Unterlippe. Sie sah alt und müde aus, gezeichnet von einem Pferdeleben voller Anstrengung und Entbehrungen.

Eine Welle von Zärtlichkeit stieg in Krissy auf, während sie die schwarze Stute beobachtete. Seit ihr Vater tot war, hatte sie nicht mehr so viel Wärme und Liebe verspürt wie in diesem Augenblick.

War es nicht gleichgültig, wer sie an diesen Ort geführt hatte – der Zufall, das Schicksal oder eine göttliche Macht? Was zählte, war nur, dass sie hier war, wo sie gebraucht wurde, mit ihren Händen und ihrem Herzen. Wie lange sie bleiben würde, wusste sie nicht. Einen Monat vielleicht oder ein Jahr. Vielleicht auch für immer.

Pferdeheimat im Hochland
Für Leser ab 12

OMNIBUS Nr. 20121

OMNIBUS Nr. 20478

OMNIBUS Nr. 20534

Keine leichte Aufgabe erwartet die sechzehnjährige Laura, als sie sich entschließt, ein Jahr auf der Farm ihres Onkels im schottischen Hochland zu arbeiten. Denn *The Laurels* ist keine gewöhnliche Farm. Alte und misshandelte Pferde werden hier mit Sachkenntnis und Liebe gepflegt. Laura setzt sich mit Herz und Verstand für ihre Schützlinge ein und findet in dem Nachbarsjungen Danny einen engagierten Mitstreiter und ihre große Liebe.